JÜRGEN JARFE

Die Bedeutung des Geldes im II. Jahrtausend

Dargestellt vorwiegend am Beispiel Bienenbüttels und umliegender Dörfer

SPUREN 7

SCHRIFTENREIHE ZUR GESCHICHTE BIENENBÜTTELS UND SEINER ORTSTEILE

BIENENBÜTTEL 2008

Impressum

Redaktion: Arbeitskreis Geschichte Bienenbüttel

Konzept, Text und Fotos und Grafik: Jürgen Jarfe
Layout: Eberhard Behnke

Umschlagbild: Dukat der Stadt Lüneburg (ohne Jahreszahl) 1647

Herstellung und Verlag: Books on Demand GmbH, Norderstedt

ISBN: 978-3-8370-4951-0

Meinen strebsamen Enkeln
Jonathan und Johannes
gewidmet

An dem Gelde hängt alles,
nach dem Gelde drängt alles

Nach Johann Wolfgang von Goethe
(leicht abgewandelt)

Inhaltsverzeichnis

Vorwort

Diese Veröffentlichung ist als Hilfsmittel für die Arbeit von Heimatforschern erstellt und gedacht, sie hat nicht den Rang einer numismatischen Arbeit.

Anlässlich der 1000-Jahrfeier von Bienenbüttel fand in der dortigen Sparkasse eine Ausstellung unter dem Titel "1000 Jahre Münzen in Bienenbüttel" statt. Zu der Ausstellung erschien eine kleine erklärende Schrift, in der die Bedeutung für die hiesigen Dörfer erklärt wurde. Auf Grund dieser kleinen Veröffentlichung entstand die Anregung, diese Bedeutung etwas ausführlicher zusammenzustellen und auszubauen. Hinzu kam, dass in vielen Diskussionen und Gesprächen mit Heimatforschern große Unsicherheiten über die Geld- und Währungsgeschichte bestand. Der Verfasser fühlte sich auf Grund seiner langjährigen Beschäftigung mit hiesigen Münzen als Sammler aufgefordert, zur Erklärung einen kleinen Beitrag zu leisten.

In dem Anhang sind Münzen abgebildet, die in Bienenbüttel und anderen Dörfern umgelaufen sind, die die Bewohner in der Tasche oder in ihrem "Beutel" hatten, keine numismatischen Seltenheiten. Die ausgewählten Münzen sind, soweit möglich, hier in der Nähe geprägt, wie der Fachmann sagt "geschlagen" worden. Mit solchem Geld wurden Steuern bezahlt oder ein Krug Bier im Gasthaus.

Ein besonderes Interesse gilt allgemein der Aussage: "Was war das Geld zu der betreffenden Zeit wert, was konnten die Bürger sich dafür kaufen?." Der Verfasser ist sich dieser schwierigen Problematik voll bewusst, zumal sich bisher nur sehr wenig Leute dieser gestellt haben. Wenn es gelingen würde, für Heimatforscher und auch weitere Interessierte etwas mehr Klarheit und Übersicht zu vermitteln, wäre der Hauptzweck erfüllt. Soweit irgend erreichbar, werden Preise und Löhne aus der näheren Umgebung herangezogen, die bisweilen auch mehr oder weniger von fremden abweichen können.

Als Bezugspunkt zu den Lebensverhältnissen, zum Lebensstandard, ist der Roggen gewählt. Er war die Hauptverkaufsfrucht der Heidebauern, andererseits aber auch das Hauptnahrungsmittel des Mittelalters und auch der folgenden Zeit. Für Roggen liegen seit 1517 verlässliche Preisnennungen von Reinhard Oberschelp vor. Zur jetzigen Zeit ist durch die Einflüsse des Weltmarktes der Preis mit starken negativen Schwankungen behaftet.

Der auch benutzte Vergleich mit Rindvieh ist abzulehnen. Auf dem eingefügten Holzschnitt von dem Rinderkauf um 1500 sind die damaligen kleinwüchsigen Tiere mit einem Gewicht von etwa 300 kg zu erkennen. Das Ausschlachtungsergebnis betrug nach heutigen Kriterien um die 40 %, das wären 140 kg handelsfähiges Fleisch und das von geringerer Qualität. Heutige Spitzentiere haben bei 1.000 kg Lebendgewicht 500-600 kg verwertbare Handelsware, also das vierfache.

In dem I. Anhang ist eine Auswahl von Münzen gezeigt, die in Bienenbüttel im Laufe der 1000 Jahre umgelaufen sein könnten. Praktisch heißt das, dass hiesige Einwohner dieses Geld in ihrer Tasche, ihrem Beutel gehabt haben könnten. Auf diese Münzen wird auch im Text Bezug genommen. Auch sollten diese Münzen im Zusammenhang zu der heimischen Geschichte stehen, sie sind somit die einzigen Gegenstände, die aus der langen Geschichte erhalten geblieben sind.

Wie zahlreiche Münzfunde und auch Buchungen z.B. in Kirchenrechnungsbüchern aus vielen Zeiten belegen, war der Umlauf unterschiedlicher Währungen sehr groß. Hier drängt sich die Frage auf; wie unsere Altvorderen bei den damaligen Kommunikationsmöglichkeiten damit zurecht gekommen sind?

Die Abfolge der Themen ist chronologisch geordnet. In dem Inhaltsverzeichnis sind diese zum besseren Auffinden auch nach Sachthemen ausgewiesen. Aber beginnen wir ganz vorne. Schon aus frühen Zeiten der Menschheit lässt sich ein Handel nachweisen. Schon vor 10.000 Jahren, zur Steinzeit, trieben die Menschen Handel. Sie importierten den benötigten Feuerstein aus den nordischen Ländern und bezahlten dafür, damals im Tauschwege, wahrscheinlich mit Honig. Im Laufe der weiteren Entwicklung der Menschheit entstanden neue Bezugspunkte im Handel, wie Getreide und Vieh, dann auch Edelmetall.

In dem Zweistromland in Vorderasien, heute der Irak, in der damaligen Hochkultur der Sumerer, entwickelte sich im III. Jahrtausend eine Vorform des späteren Münzgeldes, der Schekel zu 8,4 Gramm Silber. Dieser Schekel war zu damaliger Zeit aber nur ein Gewichtsmaß für Silber. Die Münzbezeichnung ist dann, zweitausend Jahre später, davon abgeleitet.

In den Notzeiten nach dem II. Weltkrieg, vor allem vor dem Hintergrund der schwachen Währung, kam der Tauschhandel wieder groß auf. Als Bezugspunkt zur Wertfeststellung wurde die Zigarette mit einem Wert von sechs Reichsmark. In den Städten entstanden aus ehemaligen Ladengeschäften so genannte Tauschzentralen.

Das erste Geld

Das erste Geld, genauer gesagt das Münzgeld, stammt aus der Stadt Sardis, etwa 85 Kilometer östlich der Stadt Izmir in der Türkei. Von hier aus breitete sich dieses geprägte Münzgeld in Richtung Westen zunächst nach Griechenland und entsprechend den damaligen Machtverhältnissen später dann nach Rom aus. In unsere Gegend gelangte solches Geld durch die Römer.

Auch zu biblischen Zeiten spielte das Geld eine große Rolle. Erwähnt seien hier nur drei Berichte aus dem Neuen Testament: Eine Witwe hat einen verlorenen Scherf (*kleinste Münzeinheit*) wiedergefunden. Jesus wird eine Münze mit dem Porträt des Kaisers gezeigt. Judas verrät seinen Meister für 20 Silberlinge (*Denare*).

In dem I. Jahrtausend nach Christi herrschte in Norddeutschland weitgehend die Tauschwirtschaft vor, im südlichen, soweit es unter dem Machtbereich von Rom stand, dagegen schon eine Geldwirtschaft.

Die Germanen prägten während ihrer Völkerwanderungszeit verbreitet Münzen, die für den übergreifenden Handel gedacht waren, aber für das flache Land kaum Bedeutung hatten.

Erst der Frankenkaiser Karl der Große führte für sein damaliges Riesenreich eine einheitliche Währung ein, den Denar, zu deutsch Pfennig, der sich auch auf die breite Bevölkerung auswirkte. Als Zeichen der Bedeutung für den sächsischen Norden lässt sich aufführen, dass er in Melle/Ostfriesland eine Münzprägeanstalt einrichtete. Er setzte die Preise für Brot fest. Danach sollten für einen Denar geliefert werden jeweils an 2 Pfund Broten (*nach*

Withöft): 25 Stück Haferbrote, 20 Stück Gerstenbrote, 15 Stück Roggenbrote, 12 Stück Weizenbrote. Der Begriff Pfund bleibt zu der Zeit etwas unklar, er bezieht sich auf das unterschiedliche Schüttgewicht der einzelnen Getreidesorten. Hier ist beachtenswert, dass zu der Zeit schon vier Brotsorten genannt werden.

Mit der Christianisierung führte er die Zehntabgabe, somit die erste Steuer auch in seinen besetzten Gebieten ein. Diese war nach dem Auszug der Israeliten aus ägyptischer Gefangenschaft von Moses im Anschluss an die Verkündigung der Zehn Gebote auf dem Berg Sinai den Israeliten als Gesetz verkündet worden. Die Bauern waren verpflichtet, den zehnten Teil ihrer Ernte abzugeben, die Beamten, die Staatsdiener dafür Bargeld. Unsere Vorfahren konnten ab etwa 1200 die Naturalabgabe in Geld umwandeln.

Mit der Schaffung des Geldes tauchte für viele Menschen immer wieder die Frage auf: "Bedeutet das Geld Segen oder Fluch für die Menschheit?." Als Segen lässt sich anführen, dass durch Geld viele Güter gerechter verteilt werden können. Unter Fluch fallen Habgier, Intrigen und Verrat, wobei letztere auch ohne Geld auftreten.

Es sind bei keinem anderen Gegenstand durch den Volksmund soviel zusätzliche Bezeichnungen entstanden wie gerade beim Geld. Als häufigste sollen genannt werden: „Moos, Knete, Kohle, Koks, Zaster, Kröten, Mükken, Penunzen, Schotter, Holz, Pinke-Pinke, Mäuse, Kies, Flöhe, Asche und Klunker."

Eine Reihe von Redensarten bezieht sich ebenfalls auf das Geld. So heißt es: „*Das Geld liegt auf der Straße; es wird auf die hohe Kante gelegt; das Geld fällt vom Himmel; manche Leute schwimmen im Geld; es ist von einem Dukaten-Esel die Rede; die Zeit ist Geld; damit lässt sich eine Stange Geld verdienen; eine Handvoll Geld; die Taschen voller Geld; Geld wie Heu"* und andere mehr.

Ein Thema war, früher noch bedeutender, die sichere Aufbewahrung des Geldes. Aus Museen sind schwere, eisenbeschlagene Eichentruhen bekannt. Viele Münzfunde finden sich in Tonkrügen. Schon immer wurde nach Verstecken gesucht. Bekannt ist auch die so genannte "hohe Kante", ein Fach in den Aussteuer-Truhen. Ein oft genanntes Versteck war der Sparstrumpf im Bett. Als ein originelles Versteck ist ein Astloch in einem Eichenbalken in einem Stall überliefert.

Aus zwei Dörfern der Gemeinde Bienenbüttel sind zwei nicht alltägliche Aufbewahrungsorte der jüngeren Zeit bekannt. In einem Fall legten Handwerker eine Leitung auf einem Bauernhof. Dabei mussten sie einen Steinberg zur Seite schaffen. Sie fanden darin, in einer Zeitung eingewickelt, ein Bündel Geldscheine. Bei der Überreichung dieses Fundes bemerkten sie zu dem Bauern: *"Dann Teinmarkschien musst Du uns als Finderlohn geben!."* Darauf der Bauer: *"Dann könnt jü nich kriegen, dormit woll ik dat Deckgeld für eine Kau betalen, dann Twintigmarkschien will ik jau woll geben."*

In dem zweiten Fall hatte ein Bauunternehmer ein Bauvorhaben auf dem Hof ausgeführt. Der besagte Bauer war dafür bekannt, dass er in Bargeld bezahlte. Nach Beendigung des Bauvorhabens sagte er zum Baumeister: *„Is genaug Geld dor, kannst kommen und din Geld avholen."* Die Beiden gingen in die gute Stube, in der sich der Geldschrank befand. Dieser hatte, wie seinerzeit verbreitet, in dem unteren Teil den Tresor. Der obere Teil diente als Ablage für Tageszeitungen. Nach der Öffnung griente er seinen Gast fragend an und zeigte auf den unteren Teil: *"Du glöwst woll, dat Geld is dor in, all Lüt glöwt dat, is aver nich!."* Dann holte er einen fünfstelligen Betrag aus verschiedenen Zeitungen hervor.

Römische Kaufleute bei der Prüfung von Münzen
(Steinrelief aus der Zeit des Kaisers Aurelian, 270-275)

Erstes Geld für Bienenbüttel

Für Bienenbüttel ist es bemerkenswert, dass mit dem Beginn seiner Geschichte die Einführung einer Geldwirtschaft und die erste fiskalische Steuer zusammenfällt.

Die älteste Steuer ist zwar der Zehnt, er wurde im Anschluss an die Verkündung der zehn Gebote auf dem Berg Sinai durch Moses zum Gesetz für die Israeliten erhoben. Für unsere Vorfahren begann diese Abgabe mit der Einführung des Christentums durch den Kaiser. Praktisch war dieses eine Umsatzsteuer, die von den Bauern bis etwa 1200 in natura geleistet werden musste, später dann auch teilweise in Geld umgewandelt worden ist.

Die erste Steuer oder geldliche Abgabe an den Herrscher war wahrscheinlich der so genannte "Königszins", auch als Königspfennig anzusehen. Diese Abgabe ist bis in die Neuzeit erhoben worden, ohne jemals erhöht zu werden. Es wurden aber eine ganze Anzahl neuer Abgaben eingeführt, die im Laufe der Zeit verschiedentlich aufgestockt wurden.

In der Regierungszeit Karl des Großen waren die Prägung und Ausgabe von Münzen alleiniges Recht des Kaisers. Im Laufe der nächsten Jahrhunderte begannen auch die Könige und geistlichen Herren wie Bischöfe, Städte und Territorialherren, hiervon Gebrauch zu machen. In unserer Nähe begann zunächst Bardowick oder Lüneburg die Prägung, die nach Vorbildern aus Köln und Andernach geistliche Motive zeigten, vor allem stilisierte Kirchengebäude.

Der erste Landesherr war Herzog Bernhard I, ein Sohn von Hermann Billung. Er regierte von 976 bis 1011. Ob er in Bardowick oder in Lüneburg seine Münzen schlagen ließ, ist unter Fachleuten noch nicht endgültig geklärt. Auf einer seiner Münzen, es waren allesamt Denare oder Pfennige, ist ein Porträt zu erkennen (**Abb. Nr.1**). Ob eine Ähnlichkeit bestand? Mit dieser Münze, wahrscheinlich "Die", oder einer der ersten hier geprägten Münzen begann auch die Ausstellung.

Angaben über den Wert oder Wertvergleich eines Denar sind sehr schwierig, es liegen kaum Berichte darüber vor. Genannt werden aus der Zeit um 1000: Ein Huhn kostete 1/2 Pfennig, ein fetter Ochse 60 Pfennig. Diese damaligen Ochsen sind aber mit den heutigen kaum zu vergleichen. sie hatten vielleicht ein Fünftel der nutzbaren Fleischmenge wie heute. Das ergibt sich auch schon aus dem Vergleich: 120 Hühner gleich einen Ochsen.

Silber blieb das vorherrschende Münzmetall, bis ab 1250 in Florenz, 100 Jahre später dann auch in Deutschland, Goldmünzen geschlagen wurden.

Mit dem Denar führte Kaiser Karl als größere Einheit den Schilling als Zählmaß ein (12 Denare = 1 Schilling), der aber erst 600 Jahre später geprägt wurde und so in den Umlauf kam. Dieser Schilling hat sich, so in England und Österreich, bis vor einigen Jahren als Münze erhalten. In den folgenden Jahrhunderten blieb aber das "lötige" Silber die meist gebrauchte Währung, geprägte Münzen blieben der Feinabstimmung vorbehalten. Aus dieser Zeit liegen daher Preisangaben in Gramm (g) Silber vor. Für Mitteleuropa werden genannt: 1 Kuh oder Ochse 135 g, 1 Pferd 450 g, 1 kg Getreide 3 g.

Nach dem Zerfall des von Kaiser Karl geschaffenen Reiches zerfiel seine Einheitswährung wie auch Gewichtsmaße. So war es ein großer Fortschritt, dass sich nach 1200 das einheitliche Gewichtsmaß, die Kölner Mark mit 233,86 Gramm durchsetzte. Diese Mark bildete die Grundlage der Währungen bis 1850. Gleichzeitig war das Gewicht von 2 Mark, also 467,2 g, das Grundgewicht eines Handelpfundes. Ein Zentner hatte nach heutigem Kilogewicht 46,72 kg. Der Vollständigkeit halber muss hier eingeflochten werden, dass es die "Mark" in zwei unterschiedlichen Begriffen gibt. Die zuvor besprochene Mark war lateinisch die "marca argenti", die Gewichtsmark. Daneben gab es die "marca denarium", die Zählmark. Diese war eine Weiterentwicklung des Schillings zu einer größeren Münzeinheit, die aber, ebenso wie damals der Schilling, zu der Zeit nicht ausgeprägt war. Praktisch war die Gliederung: 12 Denare = 1 Schilling, 16 Schillinge = 1 Mark. Zudem war es demzufolge so, dass die „marca argenti" ihren Wert gegenüber dem Silber behielt, die „marca denarium", auch Mark Denare oder Rechnungsmark genannt, im Wert gegenüber dem Silber immer weiter abfiel.

In den Archivalien der damaligen Geschichtszeit ist bis auf wenige Ausnahmen die Rechnungsmark gemeint, so auch in Bienenbüttel. Nach dieser kurzen Vorschau zurück zu den Münzen des Mittelalters in Bienenbüttel.

Solange es schon Münzgeld gibt, gibt es auch eine Inflation, nur kurzzeitig von einer Deflation unterbrochen. Die **Abb. Nr. 2** zeigt einen Denar von dem wohl bekanntesten Welfenherzog Heinrich mit den Beinamen "Der Löwe." Dieser wiegt anstatt der ersten Denare von 2 g nur noch 1,5 g. Durch das weiter fallende Gewicht wurden die Münzen immer dünner, so dass sie nur noch einseitig geprägt werden konnten. Das Gewicht verringerte sich bis auf unter 0,5 g. Diese Hohlpfennige werden als Brakteaten bezeichnet (lat. dünnes Blech). Sie waren für über 100 Jahre das bestimmende Geld. Die **Abb. 3** zeigt einen Blaffert, ein Zweipfennigstück der Stadt Lüneburg nach 1300. Bedingt durch den zunehmend höheren Geldumlauf war die Erhöhung der Nominale notwendig geworden. An diesem Gewichtsverfall ist die Geldentwertung, die Inflation abzulesen.

In Bienenbüttel wird das erste Geld genannt

Zu einer großen Neuordnung kam es 1293. Der regierende Herzog Otto mit dem Beinamen "der Strenge" verkaufte seine Münze mit allen Rechten an die Stadt Lüneburg und die Landstände, so heißt es in dem Vertrag. Zu den Landständen zählten die Klöster, der Adel, kleinere Städte und auch einige Bauern auf landtagsfähigen Höfen. In diesem Vertrag ist auch, nach einer Übersetzung, festgelegt, dass alle Vollhöfner mit acht Schillingen, die Halbhöfner mit fünf Schillingen beizutragen haben. Zusammengezogen ergibt das eine ungeheure Summe. Es muss zu der Zeit schon eine Menge Geld im Umlauf gewesen sein.

Aus dem Bienenbütteler Raum liegt eine urkundliche Nachricht aus dem Jahre 1342 vor. Nach dieser Urkunde (St. Michaelis Nr. 439) gibt der Lehnsherr Segeband von dem Berge fünf Mark seiner Einkünfte aus Wulfstorf an das Kloster St. Michaelis zu Lüneburg. Praktisch bedeutet dieses, da Nieder Wulfstorf zu der Zeit 5 oder 6 Höfe hatte, eine Mark Abgaben je Hof an den Grundherrn. Nach der Gleichung: 1 Mark = 16 Schillinge, 1 Schilling = 12 Denare oder Pfennige (Pf), musste ein Bauer 192 Denare wie Abb. Nr. 2, entsprechend 96 Blafferte wie Abb. Nr. 3 geben.

Aus dieser Zeit liegen einige vergleichbare Preisangaben vor.

In Hamburg und Lübeck kosteten		1 Pfund Butter	4 Pf
		20 Eier	1 1/2 Pf
		1 Gans (10 Pfund)	12 Pf
		1 Schwein (50 Pfund)	15 Schilling
		1 Ochse	4 Mark
		100 kg Weizen	6 Schilling 6 Pf
		100 kg Roggen	6 Schilling
		1 Paar Schuhe	3 Schilling
Angaben aus	1304	1 Pfund Butter	3 Pf
Mecklenburg:		15 Eier	1 Pf
	1312	1 Kuh	3 Mark

1361: Tagesverdienst eines Zimmermanns 1 Schilling bei eigener Kost. Zu dieser Zeit werden für die Stadt Köln etwa die doppelten Preise angegeben. In einer Kämmereiaufzeichnung der Stadt Lüneburg wird 1296 ein Preis von 2 Schilling 6 Pf genannt, das entspricht etwa 14 Schilling für 100 kg Roggen. Einige weitere Angaben von Ausgaben aus den Kämmerei-Rechnungen der Stadt Lüneburg von 1336:

Ein Stier	2 Mark 5 Schilling
Ein Wichhimten Roggen (12 Ht. a 17,5 kg)	1 Mark
Ausgaben für Musik auf einer Hochzeit	1 Mark
Ein Pferd	2 Mark
Ein Pferdebeschlag	18 Pf
Zwei Rehböcke	8 Schilling

Ein Rinderkauf (um 1500)

Die Kuh in der Heideregion wog seinerzeit 4 – 5 Ztr. (250 kg) und gab

etwa 900 l Milch im Jahr

Welche Preise galten nun in Bienenbüttel? Auf Grundlage der Preise von Hamburg und Lübeck musste ein Wulfstorfer Bauer für seine Abgabenschuld von einer Mark 250 kg Roggen verkaufen, auf Grund des angegebenen Preises aus Lüneburg aber nur 112 kg.

Aus dem 14. Jahrhundert liegen verbreitet Nachrichten über den Kauf bzw. Verkauf von Höfen und Dörfern zwischen dem Adel, den Klöstern und auch Kirchen vor. Aus Bienenbüttel ist der Kauf von zwei Höfen durch die Kirche bekannt. 1378 wird für einen Hof in Bargdorf 22 Mark bezahlt, 1416 für einen Hof in Ellringen 26 Mark. 1357 wechselte das Dorf Wichmannsburg für 220 Mark den Besitzer.

Bei einer Auswertung der vorstehenden Zahlen kommt man zu folgenden Ergebnissen: Ein Hof kostete im Durchschnitt um die 25 Mark, das wären 400 Schillinge. Nach vorstehender Preisangabe sind diese 400 Schillinge der geldliche Wert von 6.700 kg Roggen oder auch von 8 Kühen bzw. 6 Ochsen. Das heißt praktisch; für die genannte Getreidemenge oder die Stückzahl von Rindvieh wäre ein Hof zu kaufen gewesen. Hierbei muss aber berücksichtigt werden, dass zu der Zeit eine Reihe von Lasten auf den Höfen lagen. Vor allem die Zehntlast und wie gesehen, grundherrliche Abgaben und weitere Dienste.

In die Zeit der zweiten Hälfte des 14. Jahrhunderts fällt aber auch die größte Krise aller Zeiten in unserem Land, die verheerenden Pestzüge. Von den davor auf dem Gebiet der heutigen Einheitsgemeinde befindlichen 28 Dörfern sind neun voll wüst geworden, zwei weitere wurden zu Teilwüstungen.

Hierzu muss aber angemerkt werden, dass nach alten Berichten die Sterbequote auf den Dörfern nicht so hoch war wie in den Städten. Dies ist nicht verwunderlich, war doch die Ansteckungsgefahr in den Städten sehr groß, zumal bei den hygienischen Verhältnissen. Auf Grund des hohen Rückgangs der Bevölkerung ging auch der Absatz an pflanzlichen Nahrungsmitteln stark zurück. Die Überlebenden bevorzugten einen höheren Fleischverzehr. Dies hatte nun wiederum ein Absinken der Getreidepreise zur Folge. Die Bauern mussten viele Äcker aufgeben und es gab damit eine Umorientierung in der Landwirtschaft. Einerseits kam es zu einer großen Landflucht. In den Städten stand viel Wohnraum leer. Dort waren, besonders in der Stadt Lüneburg, viele Arbeitsplätze frei. Hinzu kam noch ein anderer Effekt, der sich in unserer näheren Heimat gut belegen lässt. Es wurden überwiegend Dörfer mit einem geringeren Anteil an natürlichem Weideland aufgegeben, eine überzeugende Entwicklung der stärkeren Rindviehhaltung. Es ist gut denkbar, dass auch manche Bauernhöfe in anderen Dörfern, die bessere Wirtschaftsbedingungen boten, übernahmen, von denen die Vorbesitzer verstorben waren. Am Rande sei hier vermerkt, dass zu der Zeit die Juden für diese Katastrophe verantwortlich gemacht wurden.

Hier sei noch ein Hinweis auf den damaligen Geldumlauf eingefügt. Nach dem Überfall von herzogliche Truppen auf die Stadt Lüneburg am 21. Oktober 1371 gerieten über 500 Soldaten in Gefangenschaft. Die Stadt erzielte für deren Freilassung ein Lösegeld von 20.000 Mark. 1401 betrug die Verschuldung der Stadt Lüneburg 123.000 Mark.

Bei diesen großen Geldsummen ist es nicht verwunderlich, dass ein Bedarf an größeren geprägten Münzen, Münznominale, immer notwendiger wurde. In Deutschland tat man sich zunächst sehr schwer damit. So kam es, dass der Floren, auch Florin, später auch Goldgulden genannt, bald nach 1300 auch nach Deutschland gelangte. Diese Goldmünze, in der Stadt Florenz in manchen Jahren bis zu 400.000 Stück geprägt, hatte einen Wert von 24 Schillingen gleich 288 Pfennigen.

Eine erste Nennung des Floren findet sich in einer Nachricht des Dorfes Wulfstorf aus dem Jahre 1472. Darin wird aufgelistet, dass drei Bauern, die jeder zusätzlich einen wüsten Hof in Hohen Wulfstorf gepachtet hatten, dafür 1 Floren oder 24 Schillinge an den Abt des Klosters St. Michaelis in Lüneburg geben mussten. Diese Summe, das sei hier hinzugefügt, bezahlen sie bis zur Ablösung 1872. Die heimische Goldmünzenprägung, die den Floren entsprach, begann in Lüneburg 1434. Doch davon später mehr.

Die Stadt Lüneburg bestimmt die Geldwirtschaft ab 1400

In den kommenden Jahrzehnten zog die Stadt Lüneburg das Münzrecht ganz in ihre Verfügung. Die Lüneburger Währung war nach dem Verkauf aus herzoglichem Besitz die Leitwährung für das Fürstentum Lüneburg-Celle. Eine solche Leitwährung, wenn auch mit der heutigen nicht ganz vergleichbar, setzt eine große Wirtschaftskraft der dafür verantwortlichen Institutionen voraus. Um diese praktizieren zu können, haben sich schon im 11. Jahrhundert in Süddeutschland zwei oder mehrere Münzherren zusammengeschlossen.

In Norddeutschland hing die Entwicklung auf diesen Gebieten hinterher. Das merkte auch bald die Stadt Lüneburg, zu der Zeit eine der größten und am besten florierende Industriestadt Europas. Sie war alleine überfordert.

Dazu kam auch das, bedingt durch die Wirtschaftsentwicklung, der Geldbedarf gestiegen war. Es mussten mehrfach Pfennigstücke in den

Bauern bei der Ablieferung ihrer Abgaben
Holzschnitt aus Rodericus Zamorensis: Spiegel des menschlichen Lebens,
Augsburg 1479

Umlauf gebracht werden. Bereits 1379 hatten sich die Hansestädte Lübeck, Hamburg und Wismar zu einem Verein zusammengetan, um durch gleichwertige Münzen den Zahlungsverkehr zu erleichtern. Zwei Jahre später trat dann auch Lüneburg diesem Zusammenschluss bei, der fast 200 Jahre Bestand haben sollte. Er wird unter Fachleuten als "Wendischer Münzverein" bezeichnet. Dieser Name, von Wilhelm Jesse geprägt, hat seinen Ursprung von der geografischen Lage der Mitglieder, die mit Ausnahme von Lüneburg auf der rechten Elbseite liegen. Dieser Münzverein hat, wenn auch nicht in allen Details, Ähnlichkeiten mit dem Währungsgebiet des heutigen Euro.

Die erste gemeinsame Münze, die auch zunächst die Hauptmünze war, war der Witten, **Abb. Nr. 4.** Ein solches 4 Pfennig-Stück hatten die Städte schon vorher in den Umlauf gebracht. Es folgten dann auch so genannte Dreilinge und Sechslinge, 3 und 6 Pfennig-Stücke, **Abb. Nr. 6 und 7.** Zu einem gewissen Meilenstein kam es 1432. In diesem Jahr wurde der erste Schilling ausgeprägt. Wie schon mehrfach erwähnt, war bis zu diesem Zeitpunkt der Schilling, wenn auch bereits über 600 Jahre, nur als Zählmaß für Münzen bekannt. Einen solchen Schilling zeigt die **Abb. Nr. 8.** Er kam 50 Jahre fast unverändert in den Umlauf, er war zu der Zeit die gängigste Münzsorte. 1492 kam ein Doppelschiling, **Abb. Nr. 9,** hinzu. Die letzten Lüneburger Schillinge sind aus dem Jahr 1678. Diese Münze war um die 900 Jahre ein fester Begriff in unserem Lande.

Diese langjährige Bekanntheit wird dazu geführt haben, dass dem Schilling eine über den Geldwert hinaus symbolische Bedeutung zukam. Die wichtigste Bedeutung oder der Begriff war ohne Zweifel der Schillingshof. Dazu kamen der Pfandschilling und der Hausschilling. Gemeinsam ist diesen dreien, dass durch den Hof-, Haus- oder Pfandschilling eine Abhängigkeit durch Zahlung anerkannt wird. Dafür erhielt der Pflichtige als Sicherheit das Wohnrecht, nicht das Eigentumsrecht. Bald nach 1500 tauchen die ersten Schillingshöfe auf. Am bekanntesten dazu ist die Aufkündigung des Hofes durch den Grundherren. Dieses geschah durch die Rückerstattung des

Hofschillings auf dem Hof des Pflichtigen in der Form, dass der Schilling in den Rähm gelegt wurde.

Hierzu gibt es zwei abweichende Meinungen. Nach der einen wurde der Schilling auf den Rähm über das Herdfeuer gelegt; die andere, das ist belegt durch ein Schriftstück des Amtes Medingen, in den Fensterrähm gehängt. Diese Anbringung oder Hinterlegung bedeutete in jedem Fall, dass der Wirt seinen Hof innerhalb eines halben Jahres räumen musste, er war also abgemeiert. Bei einem Darlehnsvertrag zwischen dem Kloster St. Michaelis als Geldgeber und der Familie von dem Berge wird dieser Schilling mehrfach erwähnt. Die Kirche in Reinstorf übergab einem Bauwilligen 1796 einen Bauplatz. In diesem Vertrag ist der Hausschilling ausdrücklich genannt. Einen gleichen Hinweis gibt es in einem gleichgelagerten Fall in Neetze.

Zurück zum Geld. Aus der Zeit nach 1400 liegen eine Reihe von Nachrichten über Löhne vor, die teils, besonders aus der Stadt Xanten, sehr widersprüchlich sind. Von dort werden Löhne für einen Maurergesellen genannt, 1417 mit 42 Pf je Tag, 1450 waren es noch 36 Pf je Tag, 40 Jahre später nur noch 18 Pf. Andere Quellen berichten von 20 Pf je Tag im Sommer und 11 Pf im Sommer, ebenfalls für einen Maurer.

Hansjörg Rümelin macht in seiner umfangreichen Arbeit über den Altenbrücker Ziegelhof in Lüneburg Lohnangaben für das Jahr 1411. Danach wurde für Ziegelknechte als Spitzenlohn eine Vormede (jährlicher Vorschuss) von 4 Mark 8 Schillingen gezahlt, dazu kam ein Akkordlohn von umgerechnet etwa 14 Pf je Tag. Andere Lohngruppen verdienten bis zu einem Viertel weniger.

Der Geldumlauf weitet sich weiter aus

Mit dem sich ausweitenden Handel des 15. Jahrhunderts reichte der Schilling als Münzgeld bald nicht mehr aus, es wurden größere Nominale benötigt. In den Unterlagen des Klosters St. Michaelis von 1472 über Wulfstorf wird dort als Abgabe von 3 Bauern aus dem Dorf je 1 Florin genannt. Dieser Florin ist eine Goldmünze im Wert von 24 Schillingen, die ihren Namen nach der Stadt Florenz hatte. Von diesem Florin ist vorstehend schon einiges berichtet. Die Städte des Wendischen Münzvereins konnten sich diesem Trend nicht entziehen, dazu benötigten sie aber die Genehmigung des Kaisers. Die Ausgabe solcher Goldmünzen war das letzte Privileg, das dem Kaiser von der Münzprägung verblieben war. 1434 erhielt die Stadt Lüneburg die Berechtigung, derartige Goldgulden zu prägen. Diese Münzen mussten auf der Rückseite (Revers) den Namen des Kaisers tragen sowie auch einen Reichsapfel. Die Abb. Nr. 24 zeigt einen solchen Goldgulden von dem Kaiser Friedrich III.

Hier war es nun wieder der Wendische Münzverein, der das Ausbringen der Mark regelte. Die vier Städte Lüneburg, Lübeck, Hamburg und Wismar einigten sich auf gleiche Prägungen von 1 Mark, 1/2 Mark und 1/4 Mark. Diese Münzen hatten seinerzeit ein einheitliches Münzbild, in der Gemeinsamkeit ähnlich wie die heutigen Euromünzen. Auf der Vorderseite ist das Wappen der jeweiligen Stadt, auf der Rückseite finden sich das im Dreieck gestellte Wappen der übrigen Städte des Münzvereins. Die Mark hatte den Wert von 16 Schillingen, wie er als Rechnungseinheit schon um 1200 festgelegt worden war. Ausgeprägt wurde sie in Lüneburg zwar schon 1502, ihre größere Bedeutung als Zahlungsmittel kam aber erst durch die Prägung mit der Jahreszahl 1546. In gleichen Jahr prägte die Stadt Lüneburg auch die ersten Taler. Die Mark, wahrscheinlich auf Grund ihrer langen Geschichte, blieb vor allem in den Kirchenrechnungsbüchern als Begriff der größeren Münzeinheit noch 200 Jahre erhalten. Der Grund könnte gewesen sein, dass der Wert des Talers im Wert zunächst sehr schwankte. Der Taler galt zunächst 32 Schilling = 2 Mark. Bereits 1568 stieg sein Wert in Lüneburg auf 27 Schilling 6 Pfennig. (Je weniger Schillinge für einen Taler aufgewendet werden mussten, desto besser war er; auf Anhieb vielleicht schwer zu verstehen). Der Grund für das gute Geld lag in der damaligen guten Wirtschaftskraft der Stadt. 1610 war der Wert dann auf 30 Schillinge gefallen. Diese Änderung des Wertes war losgelöst von dem Wendischen Münzverein, der sich in diesen Jahren auch als Folge des Niedergangs der Hanse auflöste.

Ab 1500 trat eine Erweiterung auf dem Schriftbild der Münzen ein Es wurden Jahreszahlen hinzugefügt. Zunächst waren es nur drei Zahlen, das Jahrtausend wurde noch ausgelassen. Verstärkt finden sich jetzt auch, wie schon im vorigen Jahrhundert begonnen, Zeichen der Münzmeister auf den Münzen, die für die Ausprägung verantwortlich waren. Später folgte dann eine Umstellung auf den Anfangsbuchstaben ihrer Namen. Diese Kennzeichnung ist vergleichbar mit der Stempelung von Edelmetall. Wie wichtig hinsichtlich des Wertes diese Zeichen auf die Wertigkeit der Münzen waren, wird bei den Braunschweiger Prägungen um 1760 noch näher erläutert. Im Laufe des 19. Jahrhunderts und auch noch heute sind diese Zeichen durch solche von den jeweiligen Münzprägestätten ersetzt.

Durch die große Zersplitterung unseres Vaterlandes in teils recht kleine Territorien war es das Bestreben verschiedener Landesherrn, eine eigene

Währung zu haben. So konnte die Mark nur hier im Norden, neben einigen anderen Städten, ihre Stellung behaupten.

In den südlichen, östlichen und mittleren Landesteilen übernahm der Taler gleich seine bedeutende Stellung als Silbermünze.

Die besondere Bedeutung des Talers

Der Taler hatte seinen Ursprung und damit auch seinen Namen im Erzgebirge, in Joachimstal, bekommen. Dort wurde er von den Grafen Schlick im Jahre 1518 zum ersten Mal geprägt. Von hier aus trat er seine hervorgehobene Stellung in große Teil Europas und auch nach Amerika an. Aus Tal wurde Taler, später wurde daraus abgeleitet Daaler (niederländisch), Daler (Skandinavien), Talar in Polen, später dann auch Dollar in Amerika. Besonders auch im Niederdeutschen blieb der Taler als Daler noch bis weit im vorigen Jahrhundert im Gedächtnis.

Die wichtigste Weltmünze in Talergröße wurde, bedingt durch die großen Silberzufuhren, die spanische 8 Real-Münze. Die spanischen Herrscher schafften es nicht, mit dem neuen Gold- und Silberreichtum eigene Industrien aufzubauen. Das viele Geld floss ins Ausland ab. So fiel das Land nach dem Ende dieser Zeit wieder in die Normalität zurück.

Dieser Taler, der auch Guldiner genannt wurde, war mit einem Feinsilbergewicht von 27,4 g die Grundlage der ersten Reichsmünzordnung von 1524. Im Laufe der nächsten Jahre verringerte sich der Silbergehalt fast beständig, bis 1690 der Reichstaler seine für unser Gebiet beherrschende Stellung einnahm. Dieser Reichstaler ist etwa gleichzusetzen mit dem Rechnungstaler, Kuranttaler oder auch Kassentaler. Die Grundlage dafür war der so genannte 12 Taler Fuß. Das heißt im Klartext: Aus der Mark Fein sollen 12 Taler geprägt werden. Diese Mark Fein, darüber ist zu Anfang schon berichtet, ist ein Gewichtsmaß von 233,84 g. Dieser Reichstaler war unterschiedlich eingeteilt.

Ein Taler = 36 Mariengroschen a. 8 Pf

= 24 Gutegroschen   a 12 Pf

= 32 Schillinge   a 9 Pf

Im Gegensatz zu der verbreiteten Einteilung des Schillings zu 9 Pfennigen blieben die Lüneburger bei der ursprünglichen Einteilung von 12 Pfennigen (Denaren). Sie unterschieden zwischen leichten Pfennigen = 12 auf einen Schilling und den schweren Pfennigen = 9 auf einen Schilling, und das bis 1666. Aus diesem Grund kommt es zu Problemen bei einem Lohnvergleich auf der Pfennigbasis. Die Lüneburger sind bis 1666 um ein Drittel geringwertiger. Dieser Befund ist auch wichtig für die Einschätzung der umfangreichen Arbeit von Bernd Spranger über die "Kaufkraft des Geldes." Über diese Arbeit wird im nachfolgenden noch eingehender berichtet. Wie mögen wohl die Einwohner zu diesen Zeiten mit all den Schwierigkeiten fertig geworden sein?

Auch die Stadt Lüneburg beteiligte sich schon 1546 an der Ausgabe dieser Taler. Auf der Vorderseite befindet sich die Stadtburg im Gegensatz zu Hamburg mit einem Löwen im Burgtor, auf der Rückseite ist ein abnehmender Mond. Die Darstellungen auf Münzen sind in sehr vielen Fällen Verbindungen zu den ausgebenden Städten bzw. zu den Münzherrn. Schon in der Antike sind Münzen zum Übermitteln von Nachrichten oder dergleichen verwandt worden. Die Taler mit ihrem größeren Schriftbild eröffneten große Möglichkeiten der Übermittlung von Nachrichten. So traten diese fast an Stelle der heute üblichen Zeitungen.

„Der Müntzmeister"
aus dem „Stände-
buch" des Jost Am-
man (1568)

Um die Taler-epoche kurz abzu-schließen, soll hier noch der Konvent-ionstaler genannt werden, der seinen Ursprung durch Zusammenschlüsse einzelner Staaten im Süden hatte. Er war etwa 10% schlechter als der Kassentaler. 1857 erfolgte die letzte Talerumstellung, auch auf Grund einer Änderung der gängigen Gewichte. Das 600 Jahre be-nutzte Gewicht der Kölner Mark von 233,84 g wurde aufgegeben, aus dem jetzigen Silbergewicht von 500 g wurden 30 Taler geschlagen. Das neu ent-standene II. Deutsche Reich führte 1873 die Mark-Währung ein.

Das 15. / 16. Jahrhundert

In verschiedenen Berichten wird diese Zeit als eine der glücklichsten in unserer Geschichte bezeichnet. Ulrich von Hutten (1488-1523) schreibt 1518 in einem Brief: "O Jahrhundert, o ihr Wissenschaften, es ist eine Lust zu leben!." Ob es das für alle Bürger wirklich war? Der bekannte Heimatforscher Ernst Reinstorf berichtet, dass um 1600 Kindtaufen sehr üppig gefeiert wurden, es waren bis zu 30 Taufpaten vorgesehen.

Mit dem Ende des 14. Jahrhunderts endete auch, nach Einteilung von Historikern, das Mittelalter. Die Welt war in einem großen Umbruch begriffen. Das gesamte christliche Weltbild geriet durch die Erkenntnisse der Naturwissenschaft, dass die Erde keine Scheibe und Mittelpunkt der Welt, sondern ein Teil des Sonnensystems ist, in Unsicherheit. Die Zeit der Hexenverbrennungen hatte begonnen, 1517 stellte Martin Luther Teile der katholischen Lehre in Frage. 1492 entdeckte Kolumbus Amerika. In den folgenden Jahrzehnten kamen ungeheure Mengen Edelmetall nach Spanien, von 1541 bis 1560 waren es 67.000 kg Gold und fast 500.000 kg Silber. Hinzu kamen große Silberfunde und deren Ausbeutung im Lande, vor allem auch im Harz. Dies war die Grundlage für die Prägung von größeren Silbermünzen. Hierzu übernahm man das alte Pfund als Rechnungseinheit, die neue Mark hatte einen Wert von 16 Schillingen. Dieser Wertbegriff Mark blieb 200 Jahre in den Kirchenrechnungsbüchern eine bestimmende Größe.

In dieser Zeit weitet sich die Wirtschaft und mit ihr natürlich auch der Geldumlauf erheblich aus. Über die Vergrößerung der Münz-Nominale ist im vorhergehenden Kapitel berichtet worden. Aus dieser Zeit liegen auch verstärkt Berichte über Löhne und Preise vor. Durchgehende Aufzeichnungen darüber finden sich in den Kirchenrechnungsbüchern, die verbreitet ab 1567 vorliegen. Anscheinend war es den Predigern nach der Reformation anbefohlen worden, eine Einnahmen- und Ausgabenrechnung vorzulegen. Sie diente vor allem auch als Grundlage zu den Kirchenvisitationen. Diese hier genannten Beträge sind aber erst ab etwa 1600 aussagekräftig, so dass für diese Zeit noch darauf verzichtet wird.

Die Löhne und Preise im 16. Jahrhundert

Das 16. Jahrhundert war nach übereinstimmenden Berichten gekennzeichnet von großen Steigerungen bei Löhnen und Preisen. Nach Oberschelp sind die Preise für Roggen, der hiesigen Hauptverkaufsfrucht, von 16 Mariengroschen für 100 kg in 1540 auf über 80 Mariengroschen in 1600 gestiegen. Es muss aber gleich hinzugefügt werden, dass die Getreidepreise auch noch viele Jahre später sehr stark geschwankt haben, innerhalb von zwei Jahren manchmal um bis zu 30 - 40 %.

Kaiser Karl V. (1519 – 1556), in dessen Reich die Sonne nie unterging, versuchte Ordnung in seinem Riesenreich herzustellen. Er fühlte sich, vor allem nach der schwachen Regierungszeit Kaiser Friedrich III. dazu stark genug. 1524 erließ er eine einheitliche Münzordnung, die erste im Lande, die dann auch 80 Jahre Bestand hatte. Diese Münzordnung beruhte auf dem 8-Taler-Fuß, ein Taler hatte 27,4 g Silber.

Drei Jahre später verordnete er folgende feste Löhne je Tag:
Ein Maurermeister im Sommer   32 Pf, im Winter   28 Pf,

ein Maurergeselle im Sommer	28 Pf, im Winter	24 Pf,
ein Handlanger im Sommer	20 Pf, im Winter	16 Pf.

Über die Dauer der Arbeitszeit gibt es auch unterschiedliche Angaben, diese nennen teils 12 - 13 Stunden täglich. Nach anderen Quellen aus der Zeit wurde im Sommer 10 Stunden täglich, im Winter 9 1/2 Stunden gearbeitet. Aus dem Raum Hamburg - Lübeck werden an Preisen genannt:

	1500	1560
1 Pfund Butter	8 Pf	18 Pf
20 Eier	5 Pf	10 Pf
1 Huhn (3 Pfund)	6 Pf	12 Pf
1 Gans (10 Pfund)	20 Pf	36 Pf
1 Schaf (30 Pfund)	96 Pf	192 Pf
1 Kuh	2 1/2 Mark	8 Mark
1 Ochse	4 1/2 Mark	17 Mark
1 Pferd	8 Mark	17 Mark
100 kg Roggen	1 Mark	3 Mark 5 Schilling
1 Paar Schuhe	4 1/2 Schilling	9 Schilling 7 Pf
1 Paar Stiefel	15 Schilling	31 Schilling

Zwischen 1530 und 1550 betrug der Sold eines Soldaten im Monat 4 Florin = 96 Schilling, ein Reiter erhielt das 2-3fache bei eigener Kost. Für Kost rechnete man etwa 36 Schillinge im Monat. Das erscheint im Vergleich mit der Beköstigung von Handwerkern sehr niedrig.

Diese Preisangaben geben die starke Erhöhung der Lebenshaltungskosten zu der Zeit wider. Bei all diesen Angaben wird man eine Unsicherheit nicht los. Dieses wird mit der Auswertung der Kirchenrechnungsbücher aus den hiesigen Kirchen, die ab 1567 geführt werden mussten, wesentlich sicherer. Aus diesen Aufzeichnungen, vor allem der Kirche in Reinstorf aber auch aus den Unterlagen des Klosters St. Michaelis in Lüneburg, sollen hier einige weitere Angaben folgen.

Aus dem Kirchenrechnungsbuch der Kirchengemeinde Reinstorf:

1564	Ein Sarg für den Küster	9 Schilling
1565	Ein neuer Kachelofen im Weden (Pastorengebäude)	
		9 Mark 1 Schilling (S)
1567	1 Pfund Wachs (Zum Gießen der Altarkerzen)	6 S
1570	1 neues Fenster	10 S
1572	Für ein Schloss im Kirchenschrank	12 S
1573	1 neuer Kachelofen im Weden (ein zweiter Ofen im Haus)	6 Mark
1583	Lohn für 1 Tag mit Kost	3 S
1584	Die Döns (Wohnstube) in der Küsterei neu gebaut	
	Carsten Tollschnibbe 12 Tage bei eigener Kost, je Tag	8 S
1585	Ein Concordienbuch ohne einbinden	8 Mark 8 S
1587	1 neues Klockenreep	14 S
1593	1 neues Klockenreep	20 S
	Für 5 Pfund Schafwolle	1 M
1597	Für 3 Pfund Schafwolle	12 S
1599	Für 3 Pfund Schafwolle	8 S
1614	Für einen Bötling (Hammel)	24 S
1619	Für einen Bötling	35 S

In Reinstorf blieben die Löhne zunächst konstant. Der Tagelohn betrug einschließlich verabreichter Kost 3 Schilling, ohne Kost sind 8 Schilling je Tag gezahlt worden. Die verabreichte Kost wurde somit mit 5 Schilling am Tag bewertet, außerordentlich hoch. Wenn der Mann von seinem Tagesverdienst selber 5 Schilling verbrauchte, so bleiben für die Familie nur 3 Schilling übrig, Arbeitsfreie Tage nicht gerechnet. Eine Erklärung wäre, dass die Verpflegung in dem Pastorenhaushalt besonders gut und geschätzt war. In einer Aufteilung von 1611 ist die Kost bar vergütet worden. Es wurde angesetzt: Barlohn 5 Schilling für den Meister, 4 Schilling für den Hilfsmann, 2 Schilling für das Essen und 1 Schilling für Bier. Das Bier spielte zu den Zeiten eine große Rolle, es wird verbreitet als Zugabe für Leistungen aller Art erwähnt.

Das 17. Jahrhundert, der 30-jährige Krieg

Die glückliche Zeit des 16. Jahrhunderts ging mit dem Ausbruch des 30-jährigen Krieges jäh zu Ende. Dazu kam die erste große Inflation in unserem Vaterland, die so genannte Kipper- und Wipperzeit von 1617 bis 1622/23. Der Name entstand durch das Wiegen (Wippen) der Münzen. Die schwereren enthielten einen größeren Anteil Silber, sie wurden gehortet oder mit Kupfer versetzt eingeschmolzen. Für diese Geldentwertung wird vielfach der Ausbruch des großen Krieges als Ursache genannt. Das ist aber nur bedingt richtig. Der Grund lag bei einigen Fürsten, die verbreitet größere Mengen minderwertiges Geld in den Umlauf brachten. Dadurch geriet das Verhältnis Geldmenge zu Waren und Dienstleistungen in Schieflage.

Einer der größten Treiber dieser Münzverschlechterung war der Herzog Ulrich von Braunschweig-Wolfenbüttel. Auf Grund einer Entscheidung des

Kaisers musste er den größten Teil des silberreichen Harzes, den sein Vater Heinrich Julius, zunächst mit Duldung des Kaisers, sich angeeignet hatte, an die Welfenlinie Lüneburg-Celle wieder abtreten. Er versuchte, auf Anraten und mit Unterstützung ungetreuer Berater und Drosten, seinen Geldbedarf, auch für seinen aufwendigen Lebensstil, auf dem Wege der Münzverschlechterung zu decken. So entstanden viele so genannte Heckenmünzen. Es wurde Kupfer vielerlei Herkunft, wie Dachrinnen, Kessel oder Taufschalen einschmolzen und als Münzgeld wieder in den Umlauf gebracht. Es wird von 40 solcher Heckenmünzen berichtet, eine auch in Schnega. Für diese Münzen ist typisch, das auf ihrem Schriftfeld fromme Sprüche oder auch Sprichwörter eingeprägt sind. Betroffen von dieser Münzverschlechterung waren nur Kleinmünzen von dem Doppelschilling abwärts.

Die Taler und auch die Goldmünzen behielten auch weiterhin ihr Gewicht und Edelmetallgehalt. Durch den geringeren Silbergehalt der Schillinge stieg der Wert der Taler bis zum Ende der Inflationszeit auf über 60 Schilling an. Dass der Krieg nicht Auslöser dieser Kipper- und Wipperzeit war ist auch daran zu erkennen, dass bei Beginn des Krieges die Währung sich schon einige Jahre wieder gefestigt hatte. Bei der Zerrissenheit des Deutschen Reiches zu der Zeit war dies ein kleines Wunder. Jeder Münzherr, ob Landesfürst, Bischof oder Stadt prägte nach wie vor seine Münzen nach eigenen Vorgaben. Bei den Talern und Goldmünzen hielt man sich, wenn auch nicht immer genau, an die Vorgaben des Kaisers. Verschiedene Territorien, wie auch die Stadt Lüneburg, brachten in den folgenden Jahrzehnten Stadt- oder Landmünzen in den Umlauf, die nur in ihrem jeweiligen Herrschaftsgebiet Gültigkeit hatten.

Nach dem Ende der Kipper- und Wipperzeit, so ab 1622, stieg die Ausprägung trotzt des beginnenden Krieges stark an. Auch die Stadt Lüneburg prägte zunächst noch eine Anzahl Taler mit den Jahreszahlen bis 1629. 1636 kam diese dann zum Erliegen. 1660 erschien der letzte Taler von Lüneburg, 1702 noch einmal als letzte Silbermünze, ein 2/3 Taler.

Mit dem Vertrag von 1293 hatte der Landesherr sich verpflichtet, keine Münze in der Nähe der Stadt Lüneburg zu betreiben. Nach der Neuverteilung der Silbervorkommen des Harzes setzte er sich dann über diesen Vertrag hinweg. 1616 begann er mit der Prägung für das Fürstentum Celle, in den folgenden Jahren dann auch in Dannenberg, Hitzacker, Winsen/Luhe und Moisburg. 1624 kamen eine ganze Reihe Münzen aus verschiedenen weiteren Prägeorten in den Umlauf.

Der Landesherr, Herzog Christian von Celle und Lüneburg, hatte fast stillschweigend die Münzhoheit wieder übernommen. Der Reichstaler auf der Abb. Nr.14 mit der Jahreszahl 1617 zeigt sein Hüftbild.

Dass aber auch aus der Kriegsbeute Gewinn gemacht wurde, beweist der so genannte "Pfaffenfeindtaler" des Herzogs Christian zu Braunschweig und Lüneburg. Herzog Christian, genannt der "tolle Halberstädter", hatte das Bistum von seinem Vater Heinrich Julius geerbt. Sein Bruder war der Herzog Ulrich, einer der Hauptverursacher der Kipper- und Wipperperiode. Obwohl katholisch getauft und Bischof des katholischen Bistums Halberstadt, hatte er sich in jungen Jahren auf die evangelische Seite geschlagen. Bekannt geworden ist er allen als großmäuliger Heerführer, der fast alle Schlachten verlor. Als er 1622 vor den kaiserlichen Truppen nach Westfalen zurückweichend durch Paderborn kam, bemächtigte er sich des umfangreichen Paderborner Kirchensilbers, auch des Liborienschreins, zu dem auch Figuren der Evangelisten gehörten. Überliefert ist von ihm sein Ausspruch, der als Rechtfertigung gelten sollte: *"Was steht ihr hier herum, Jesus hat gesagt, geht hinaus in die Welt."* Er ließ dieses Silber zu den bekannten Pfaffenfeindttalern umschmelzen. Das Schriftfeld hat die Aufschrift: *Gottes Freundt der Pfaffenfeindt.* Er bezeichnete sich somit selber als Gottes Freund, aber der Pfaffen Feind. Er starb 29-jährig, nachdem ihm einige Zeit zuvor bei vollem Bewusstsein im Kreise seiner Soldaten ein Arm amputiert worden war. So ist auch gerade dieses Stück ein Beweis dafür, dass gerade Münzen zu den allerbesten Beweisen in der Geschichtsüberlieferung gehören.

Bis zu dem Eingreifen von König Christian von Dänemark 1625 in den großen Krieg blieb unsere Heimat weitgehend vom Kriegsgeschehen unberührt. Nach seiner Niederlage bei Lutter am Barenberge sprang der Krieg nach hier über. Ein sichtbares Zeichen ist die Zerstörung des Dorfes Solchstorf 1628. Hier muss eingeflochten werden, dass Solchstorf das einzige Dorf in unserer näheren Heimat war, das in diesem Krieg gänzlich zerstört und niedergebrannt wurde. In den folgenden dreißiger Jahren nahmen die Plünderungen und Ausraubungen stark zu, so dass dieses Jahrzehnt das leidvollste in Bienenbüttel war. 1633 war der Bauer Schröder in Wulfstorf ermordet worden, sein Hof brannte nieder.

Aus den ersten Kriegsjahren liegen noch verlässliche Angaben über Löhne vor, die einen starken Anstieg belegen. So betrug der Tagelohn
1624 = 10 Schillinge
1626 = 13 Schillinge.

Der Nachlass eines Schäfers

Interessant ist ein Bericht anlässlich des Todes des alten Schäfers Hans Johannes aus Eitzen, aufgezeichnet in den Abschriften von Kantor Schulz unter der Nr. 187, datiert mit dem 17.3.1624.

Der Schäfer besaß eine eigene Schafherde von 129 Häuptern, die er auf dem Hof Heinrich Schröder, jetzt Hof Tippe in Eitzen I untergebracht hatte. Es gab zu den Zeiten verschiedene Formen der Schafhaltung. Die häufigste, vornehmlich auf größeren Höfen, war eine Herde im Besitz des jeweiligen Bauern. In vielen Dörfern mit kleineren Höfen hatten sich mehrere Bauern zusammengetan, deren Schafe von einem Dorfschäfer gehütet wurden. Es kam aber auch wie hier im vorliegenden Fall vor, dass ein Schäfer eine eigene Schafherde hatte und diese bei Bauern einstellte. Es ist verschiedentlich belegt, dass Bauern sich um die Einstellung von Schafen bemühten wegen des anfallenden Mistes. Mit diesem anfallenden Mist als wichtiger Dung für den Acker waren die Einstellungs- sowie auch Futterkosten abgegolten. Wahrscheinlich spielte eine geringe Finanzkraft der Höfe eine gewichtige Rolle.

In dem vorliegenden Fall war der Schäfer verstorben, ohne Erben zu bestimmen. So musste der Abt des Klosters Michaelis zu Lüneburg in seiner Eigenschaft als Grundherr des Hofes den Nachlass regeln. Zusätzlich interessant ist hier noch, dass das "Hagestolzenrecht" nicht berücksichtigt wird. Dieses besagt, wenn ein Hagestolz, ein Mann mit 53 Jahren, nicht verheiratet ist, fällt sein Vermögen an den Staat.

Zunächst die Entscheidung des Abtes. Er verfügte, dass die Schwester-tochter des Schäfers, Ilse Buckendahl, Erbin sein soll. Die Schafe sollen dem Meier Heinrich Schröder für 60 Florin lübsch gelassen werden, da der alte Schäfer 30 Jahre seinen Unterhalt und Fütterung auf dem Hof gehabt habe. Heinrich Schröder soll der Ilse Buckendahl alle Jahre 20 Mark geben, der Kirche in Bienenbüttel 5 Taler. Hier werden drei Währungen aufgeführt, Florin, Mark und Taler. Die 60 Florin Lübecker Währung entsprechen zu der Zeit 45 Taler, die 20 Mark = 10 Taler. Schröder bekommt also die 129 Schafe für 45 Taler, ein Schaf somit für 11 Schilling 1 Pfennig. Auf den vorigen Seiten werden die Bötlinge 1614 zu 24 Schilling, 1619 zu 36 Schil-ling verkauft. Das bedeutet, dass die Schafe vielleicht mit der Hälfte ihres Wertes angesehen werden.

Eine Anmerkung erscheint hier doch ganz wichtig. Es ist immer mal wieder von dem Lübschen Geld die Rede. Wie im I. Anhang unter Abb. Nr.2 näher erklärt ist, war die Stadt Lübeck im Wendischen Münzverein in der Geldwirtschaft führend. Die dortige Geldprägemenge war doppelt so hoch wie in Lüneburg.

Des weiteren besteht die Hinterlassenschaft des Schäfers aus verschiede-nen ausgeliehenen Kapitalien. Dieses Geld war auch unterschiedlich in Mark oder Taler bewertet. Es soll hier, des besseren Verständnisses wegen, in Taler und Schillingen aufgeführt werden.

Veit Meier, Eitzen Bauer	4 Taler	16 Schillinge
Peter Müller, Eitzen, Schäfer	1	"
Carsten Tiedemann, Eitzen, Bauer	2	"
Jürgen Niemeyer, Eitzen, Bauer	6	"

Hans Möller, Beverbeck, Bauer	6	Taler
Friedrich Möller, Beverbeck, Schäfer	1	"
Peter Bochholtz, Beverbeck, Schäfer	3	"
Eggers, Beverbeck	1	" 8 Schilling
Hans Moller, Melbeck	11	"
Der Meier zu Achtern ?	6	"
Lütke Heinrich Meyer zu Etzen	9	"

Insgesamt errechnet sich ein Betrag von 50 Taler 24 Schilling. Hierzu ist die Feststellung interessant, dass von diesem Betrag 44 Taler 16 Schilling als Forderung an Bauern ausgewiesen wird.

Dazu kommt der Wert der 129 Schafe, hier günstig (zum halben Preis) gerechnet mit 45 Taler. Der wahre Wert des Nachlasses des Schäfers Hans Johans betrug somit um die 150 Taler. Dass Schäfer, im Gegensatz zu Kuh- oder Schweinehirten, recht vermögend waren, ist auch aus anderen Quellen mehrfach belegt.

Die Münzverhältnisse während des Krieges und danach

Es grenzt fast an ein kleines Wunder, dass die Münzverhältnisse nach der Kipper- und Wipperzeit, also im 30-jährigen Krieg, weitgehend stabil geblieben sind. Aus der Kriegszeit gibt es kaum Nachrichten über den Geldumlauf. Es entwickelte sich aber ein freier Münzfluss über alle Grenzen. Hierfür steht auch als Besonderheit aus der hiesigen Gegend der Münzfund von Ebstorf, gefunden 1952. Die zuletzt geprägte Münze trägt die Jahreszahl

1637. Das bedeutet, dass dieser Münzschatz gegen Ende des Krieges zusammengetragen wurde. Die Herkunftsorte dieser 57 Münzen ist sehr weit gestreut. Wenn man davon ausgeht, dass diese Münzen hier ausgegeben werden sollten, was möglich erscheint, aber keineswegs sicher ist, sind die Ausgabeorte doch interessant.

Der Geldwechsler und seine Frau

Ölgemälde von Marinus van Roymerswaele

Danach stammen nach einer groben Übersicht je 18 Stücke aus dem Nürnberger Handelskreis und aus dem Leipziger-Magdeburger Raum, fünf Stücke stammen aus dem Norden Deutschlands, nur zwei aus Niedersachsen. Aus verschiedenen Anrainerstaaten jeweils meist nur ein Stück, aus dem Ausland, überwiegend den Niederlanden, insgesamt zehn Münzen. Es

41

drängt sich die Frage auf: Waren alle diese Münzen hier im Umlauf? Nach der Beurteilung dieses Fundes von Bruno Ploetz ist die Herkunft und Verwendung offen. Durch die Wirren des Krieges waren viele Soldaten aus aller Herren Länder hier im Lande. Es könnte schon sein, dass manche von ihnen Geld aus der Heimat bei sich hatten, nur kein Geld aus den nordischen Ländern. Wie schwer war das für viele Bürger zu durchschauen! Diese Vielfalt setzte sich in den kommenden Jahrzehnten noch verstärkt fort, wie hier nachstehend noch weiter ausgeführt wird.

Nach dem Ende des Krieges entstand eine zweite Kipper- und Wipperzeit, die sich hier im Norden aber nicht so stark auswirkte. Wieder hatten einzelne Münzherrn schlechte Münzen prägen lassen, es waren viele Hekkenmünzen entstanden. In Kursachsen führte das um 1675 dazu, dass der dortige Kurfürst 175 Münzsorten verbot, nur 23 blieben dort weiterhin gültig.

1690 kehrte wieder mehr Ruhe ein, es kam zu einer Einigung auf den 12-Taler-Fuß. Zwölf Taler sollten von einer feinen Mark, 233,8 g, geprägt werden. 1 Taler enthielt somit 19,488 g Silber. Dieser 12-Taler-Fuß wurde dann zum Reichsfuß erklärt, der Taler zum Reichstaler. Dieser Taler wird manchmal auch als Rechnungstaler, in Norddeutschland auch als Cassataler bezeichnet. Bis 1838 war er, nach Unterbrechung durch Napoleon, der Orientierungspunkt der Währungen. Hier darf nicht unerwähnt bleiben, dass der Taler als Münze zu dieser Zeit selbst kaum umlief, eine Hauptumlaufmünze war der 2/3 Taler, praktisch ein Zweimarkstück. Bei Vertragsabschlüssen wurde aufgeführt, dass die Erfüllung der Leistungen in guten 2/3-Taler-Stücken erfolgen müsse.

Die wirtschaftlichen Verhältnisse während und nach dem Krieg

Die schweren Zeiten des Krieges in Bienenbüttel hat Walter Koptik in seiner Gemeindechronik eingehend beschrieben. Die schwierigsten Zeiten waren hier die dreißiger Jahre. Es waren vor allem marodierende Soldaten, die plündernd und Angst verbreitend durch die Dörfer zogen. 1637 fand auf Grund der unsicheren Verhältnisse in vielen Gemeinden kein oder nur sehr eingeschränkt Gottesdienst statt. In den Unterlagen des Klosters St. Michaelis heißt es zu Wulfstorf: *Sie geben nichts, sie warten auf bessere Zeiten.*

Nach dem Friedensschluss kehrte allmählich wieder mehr Sicherheit ein, auch die Hexenprozesse wurden auf Grund landesherrlicher Verfügung beendet. Die Landwirtschaft tat sich mit der Erholung sehr schwer, waren doch durch die großen Bevölkerungsverluste auf dem Lande bis zu 50%, in den Städten bis zu 30 % die Absatzmärkte eingebrochen. Bis zur Zeit der Ablösungen passierte nicht sehr viel. Eine Ausnahme war die Mergelperiode, die größere Ertragssteigerungen brachte. Der Rindviehbestand von 1600 aus der Vorkriegszeit war 1830 noch nicht wieder erreicht. Die Vorhur, eine Gewinnerwartungsabgabe bei der Übernahme eines Hofes durch einen neuen Wirt, die bei manchen Höfen um 1600 noch neun Taler betragen hatte, wurde nach dem Krieg mit zwei Taler berechnet. Die Grundherren, allen voran der Landesherr, versuchten krampfhaft die herrenlosen wüsten Höfe wieder zu besetzen. Um 1692 erließ er eine Verfügung, nach der nachgeborene Bauern oder Häuslingssöhne von dem Militärdienst befreit waren, wenn sie einen solchen Hofannahmen.

Der Roggenpreis (Roggen war die Hauptverkaufsfrucht der Lüneburger Heide) schwankte bis in die Zeit nach dem Kriege sehr stark. Von 1608 bis

1625 hatte er sich vorübergehend verdreifacht, bis 1642 war er eigenartiger Weise stark gesungen, bis 1648 verdoppelte er sich, sank dann wieder auf fast ein Drittel, um bis 1652 wieder um 300 % zu steigen.

Tanzende Bauern. Nach einem Holzschnitt von Hans Sebald Beham

Von Professor Oberschelp liegt eine interessante Aufstellung des Vergleichs von dem Tagesverdienst eines Tagelöhners bei eigener Kost im Verhältnis zur Kaufkraft für Roggen vor. In der überwiegenden Mehrzahl aller Untersuchungen über die Lebensverhältnisse der Zeit wird Bezug auf den Roggenpreis genommen. Die Unzulänglichkeiten dieser Vergleiche werden in den Aufstellungen deutlich. Es sind vor allem die schon erwähnten starken Schwankungen der Roggenpreise.

Tagesverdienst in Mariengroschen; in kg Roggen

o	1621	4	4,5
o	1622	6	4,3
o	1644	6	7,6
o	1646	6	10.8
o	1731	7,5	9,5
o	1800	9	5,2

Ein weiterer Lohnvergleich von Professor Oberschelp für einen Acker-knecht bei freier Kost und Logie deutlich gemacht (Die Lohnangaben sind Jahreslöhne, sie beziehen sich meist auf vom Landesherrn verordnete Ta-xe):

	Barlohn in Taler	Gegenwert in Roggen	Barlohn nach heutigen Roggenpreis in Euro
1622	14	370 kg	38,85
1646	15	935 kg	98,18
1731			
in der Marsch	18	820 kg	86,10
auf der Geest	10	500 kg	52,50
1794	29	711 kg	74, 66
1807	24	554 kg	58, 17

Bei diesen beiden Aufstellungen werden vor allem die Schwankungen der Roggenpreise überaus deutlich. Bei der Aufstellung des Tagelöhners reichen die ausgewiesenen täglich verdienten Roggenmengen keineswegs aus, um eine Familie zu ernähren. Ernährungsfachleute rechnen für die Zeit vor der Einführung der Kartoffel mit einem Verbrauch von 700 g Getreide pro Person am Tag. Nach Angaben anderer Forscher betrug der zum Leben nötige Verdienst mindestens das Vierfache wie der Wert des verzehrten Roggens. Wahrscheinlich sind hier städtische Verhältnisse gemeint.

Bei dem Jahreslohn des Knechtes sind naturelle Zuwendungen mit einge-rechnet. Die Lohnzahlung war von Dorf zu Dorf im Grundsatz recht unter-schiedlich.

Hierzu einige Beispiele aus den Abschriften von Kantor Schulz: 1618 verdienten die Klosterknechte jährlich 30 Taler, 2 1/2 Taler für 1 Paar Stiefel und einen Hut, ein recht hohes Einkommen.

1720: Der Lohn des Ackerknechtes Hans Beusche, in Diensten bei dem Hauswirt Claus Sötebehr in Barskamp: 4 Ht. Roggen und 5 Ht. Hafer aussähen, 2 Paar Schuhe, 2 Hemden, 1 Beiderwand Futterhemd, 1 Paar Hosen. (Wie die Nutzung dieses ausgesäten Getreides erfolgt ist, übrigens auch in vielen Altenteilerverträgen festgelegt, ist schwer vorstellbar.)

1721: Dienstbotenlohn in Seedorf bei Bevensen. In Seedorf ist es gebräuchlich, dass Winterarbeit mit Winterkorn, Sommerarbeit mit Sommerkorn entlohnt wird. Der Knecht Johann Jürgen Meyer, bei dem Hauswirt Neumann in Diensten, wo er von 14 Tage vor Ostern bis Michaelis arbeiten will erhält: 1 Stück Haferland zu 8 Ht. Aussaat, wozu der Knecht die Saat geben muss, ferner Land zu 2 Ht. Weißhafer Aussaat und 1 Ht. Lein, 1 Paar Schuhe oder 22 Ggr., 1 Hemd oder 12 Ggr., Leinwand oder 4 Ggr. Zu diesen beiden Entlohnungen eine kurze Analyse. Der Knecht in Seedorf erhält bei neunmonatiger Arbeit neben dem Deputatland noch 1 1/2 Taler an Naturalien. Es ist wohl davon auszugehen, dass der Knecht verheiratet war und eine Familie hatte, er also nicht zum Tisch seines Bauern ging. Wo er oder die Familie wohnte, wird nicht gesagt. Dieser Befund drängt zu einem Vergleich und einer Gegenüberstellung: Er war zwar auf einem Halbhof mit 108 Ht. Einsaat beschäftigt, sechs weitere Bauern im Dorf hatten jeder einen Viertelhof mit durchschnittlich 26 Ht. Einsaat. In der Literatur werden bisweilen mehrere Knechte je Hof angegeben. Bei dieser Entlohnung erscheinen solche Angaben unrealistisch.

1707 war Hans Scheele aus Hohnstorf neun Jahre als Schäfer bei dem Hauswirt Dietrich Meyer in Bargdorf gewesen. Sein Barlohn im Jahr 2 Taler, dazu 1 Paar Schuhe, hatte 1 1/2 Taler immer stehen lassen, fordert jetzt insgesamt 20 Taler, 16 Schilling, 8 Pfennig. Er war mit 20 eigenen Schafen gekommen, geht jetzt mit 140 Schafen. Dass zu den Zeiten Knechte und Mägde ihren Lohn bei ihren Bauern über Jahre stehen ließen, ist wiederholt belegt.

An anderer Stelle wird 1710 gerechnet: 1 Hemd = 1/2 Taler, 5 Ellen Lein zu 8 Ggr. Eine gewisse Kuriosität ist das 4 ½-Pfennig-Stück von 1703. Um die Bedeutung diese Münze genauer einschätzen zu können, kurz die Vorgeschichte.

Die Landesherrn in dem Herzogtum Braunschweig und dem Fürstentum Lüneburg hatten die Biersteuer, die Accise, kräftig erhöht. Daraufhin erhöhten die Wirte den Preis für einen Krug Bier, ein Quatier = 0,98 Liter, von vier auf fünf Pfennig. Das missfiel den Herzögen, sie hielten eine solche Erhöhung für viel zu hoch. Sie verordneten daraufhin, dass der Krug nur 4 1/2 Pfennig kosten dürfe, sie ließen eine Münze mit dem Nominal von genau 4 1/2 Pfennig prägen, den so genannten "Bierpfennig."

So sollte eine Münze zur Preisstabilität beitragen, ähnlich wie auch 1932 der so genannte Brüningtaler, ein 4-Pfennig-Stück der Weimarer Republik, geprägt auf Anordnung des Reichskanzlers Brüning.

Die Münz- und Währungsverhältnisse im 18. Jahrhundert

Das 18. Jahrhundert ist in unserem Heimatland auf dem Währungsgebiet in der zweiten Hälfte durch recht unruhige Zeiten gekennzeichnet.

Zunächst hatte die Erhebung Hannovers im Jahre 1692 zum Kurfürstentum und die Personalunion mit England 1714 offensichtlich nur geringe Auswirkungen auf den Geldverkehr. Neu war zu Beginn des Jahrhunderts die zunehmende Bedeutung des Goldes. Allgemein wurde dem gelben Metall mehr Wertbeständigkeit zugetraut als dem Silber. Die vornehmeren, wohlhabenderen Kreise benutzten es zunehmend als Zahlungsmittel. In der Landwirtschaft blieb das Gold meist nur für den Pferdehandel reserviert. Es waren in erster Linie die französischen Louisdor, die nach Deutschland einflossen. Grob gesagt hatte dieser einen Wert von fünf Taler. Die hannoverschen Lande prägten aus dem geringeren Goldvorkommen des Harzes zunächst kleinere Goldstücke im Wert von 1/2 und 1 Taler, mit der Zeit aber auch 5-Taler-Stücke, die wie in anderen Landen als Pistolen bezeichnet wurden. Mit den Jahren folgten dann auch 1/2 Pistolen, im Wert von 2 1/2 Taler, aber auch Doppelpistolen zu 10 Taler. Der Wert zwischen Goldtaler und dem Reichs- bzw. Rechnungstaler schwankte laufend etwas. Die Bedeutung des Goldgeldes, hier des Louisdor, Abb. Nr. 26, wird für Bienenbüttel durch die Entschädigung der Brandkasse nach dem großen Brand von 1753 deutlich, sie wurde für die abgebrannten 22 Wohn- und Wirtschaftsgebäude gezahlt.

In den folgenden Jahren schlugen die Auswirkungen eines größeren Krieges zum ersten Mal auf die Währungsverhältnisse durch. Der preußische König Friedrich II. hatte 1756 den so genannten Siebenjährigen Krieg begonnen, schon zwei Jahre später gingen seine Währungsreserven zur Neige. Kurzer Hand zog er die umlaufenden guten Silbermünzen ein, **Abb. Nr.16**, und prägte aus 7 Taler jetzt 9 Taler. Dieser Vorgang hatte breite Auswirkungen auf viele weitere Münzherrn, die zunehmend ihre Münzen verschlechterten. Zu seiner Ehrenrettung sei hinzugefügt, dass er dieses Kriegsgeld nach Kriegsende wieder einzog und durch gutes Geld ersetzte.

„Der Müntzer" aus dem „Ständebuch" des Christoph Weigel (1698)

Die hannoverschen Lande blieben bei der Prägung von gutem Geld, konnten aber nicht verhindern, dass das gute Geld in andere Länder abfloss und durch schlechtes, geringwertiges, ersetzt wurde. Die königlich churfürstliche Regierung war aber stark an guten Münzverhältnissen in ihrem Lande interessiert, sie forderte Quartalsberichte von den Ämtern an. Aus dem Amt Garze, das zu dieser Zeit mit dem Amt Bleckede zusammengelegt

49

wurde, liegen einige dieser interessanten Berichte vor. Zu diesem Amt gehörten auch das Dorf Wulfstorf sowie zwei Höfe in Rieste und ein Hof in Beverbeck. Auch Professor Oberschelp hat eine Münztabelle hinsichtlich der Wertigkeit überliefert, von der später noch Näheres berichtet wird.

Insgesamt gesehen wird durch diese Berichte deutlich, mit welch großen Schwierigkeiten auch die Einwohner in Bienenbüttel fertig werden mussten und das ohne Zeitung und Fernsehen. Der Begriff "verrufene Münzen" bedeutet, dass der Landesherr, genauer gesagt der Münzherr, schon zu allen Zeiten mit fast unzähligen Münz-Edikten und Verordnungen verboten hatte, bestimmte Münzsorten anzunehmen. Dies galt vor allem für die Ämter, die bei der Bezahlung der herrschaftlichen Abgaben streng darauf zu achten hatten. Es wird immer wieder berichtet, dass dieses Geld trotzdem weiter mit Abschlägen im Umlauf war. Diese Abschläge waren für den gemeinen Mann aber sehr schwer zu durchschauen und kontrollieren.

Der erste vorliegende Bericht ist vom 30. Dezember 1757, er befasst sich vor allem mit der Zeit der französischen Besetzung von Anfang September bis Anfang Dezember 1757. In diesem Bericht heißt es, dass die Franzosen nur verrufene Münzen bei sich geführt haben. Dann weiter, die Untertanen wären froh gewesen, wenigstens in solcher Münze bezahlt zu worden zu sein. In einem anderen Bericht vom 31. des gleichen Monats wird über die umlaufenden Münznominale nach Hannover berichtet. Danach liefen im *Handel und Wandel* wie es heißt, im Amt Garze um:

Neue Braunschweigische	4 Ggr., 2 Ggr.
Herzoglich Wolfenbüttlerische	4 Ggr., 2 Ggr.
Chur Brandenburgische	4 Ggr., 2 Ggr., 6 Pfennig
Hildesheimische	1 Ggr.
Berneburgische	4 Pfennig

Eine Erläuterung zu den vorstehenden Berichten:

In dem Bericht vom 30. Dezember wird gesagt, dass die Franzosen deutsches Geld bei sich führten, mit dem sie bezahlt haben, allerdings nicht wofür. Alle vorliegenden Nachrichten aus dieser Zeit besagen eigentlich nur, dass die Franzosen Schutzgeld und Verpflegung erpresst und vor ihrem Abzug stark geplündert haben. Von wo dieses minderwertige Geld kam, muss offen bleiben, ob es aus Frankreich kam oder möglicherweise war es das erpresste Schutzgeld.

Zu den im Umlauf befindlichen Münzen fallen vor allem zwei Befunde auf. Als größte nominale werden 4-Ggr.-Stücke aufgeführt, die kleinsten Münzen sind dort die 4 bzw. 6-Pfennig-Stücke. Es ist hinreichend belegt, dass gerade im Fürstentum Lüneburg-Celle viele Kleinmünzen als 1 Pf, 1 1/2 Pf, 2 Pf und auch 2 1/2 Pf-Stücke geprägt worden waren, die Stadt Lüneburg brachte so genannte Scherfe im Wert von 1/2 Pf in Umlauf. Diese werden auch in der folgenden Aufstellung nicht mit aufgeführt. Warum, ist nicht zu erklären. Sie müssen aber im Umlauf gewesen sein.

Ein sehr umfangreicher Bericht datiert vom 26. Juli 1759. Darin heißt es:

Was der Hohen Königlich Und Churfürstlichen Landes Regierung zu Hannover wegen derer auswärtig geprägten und zum Vorschein kommenden Münz - Sorten unter dem 4 Februar 1747 gnädigst zu verordnen geruht hat, davon berichte ich dem Königl. und Churfürftlichen Amt Bleckede hiermit unterthänigst, dass in dem Flecken Bleckede im Handel und Wandel gebrauchet werden und gar kein hiesiges Geld zum Vorschein selber kommt

	8ggr.	4 ggr.	2 ggr.	1 ggr.	6 Pfennig:
Herzoglich Braunschweigisch	X	X	X	X	X
Herzoglich Wolfenbüttlerisch		X	X	X	X
Churfürstlich Brandenburgisch	X	X	X	X	X
Mecklenburgisch	X	X	X		
Mecklenburg Strelisch		X	X		
Hildesheimisch				X	
Berneburgisch	X	X		X	

26 Juli 1759 Quartal in Ostern bis Johanni

Bleckede   (Unterschrift) Peter Koch   F. Vogelsang

Die Aussage "dass hier kein hiesiges Geld zum Vorschein kommt" ist sicherlich so zu verstehen, dass kein Geld aus dem Churfürstentum Hannover dabei war. Diese Beobachtung ergibt sich auch bei fast allen derartigen Berichten. Hier schlägt auch das in Finanzkreisen kursierende Gesetz durch, dass das schlechte Geld das gute Geld verdrängt.

Ein Schreiben vom 9. Oktober 1760 aus Bleckede:

Nach der verordneten Verrufung der Königl. Polnischen 8ggr, von 1753 und den Berneburgischen 8 und 4ggr. von 1758, haben sich diese fast ganz verloren, letztere aber sind noch ziemlich viele vorkommenden, nächst den rotieren die Herzoglich Braunschweigischen 8 und 4ggr. von 1759 und 1760 mit dem C, Herzoglich Mecklenburg Schweriner 8, 4 und 1 ggr. sowie 6 Pfg. und ohngeachtet die schwedisch oder Stralsunder 8 u.4ggr. nicht gerne angenommen werden wollen, So sind solche dennoch ziemlich stark bey den Frachtfahrenden anzutreffen.

Obiges ist das Geld was gegenwärtig coussiert, auch das mehrste im Handel und Wandel ausmachet.

Das 19. Jahrhundert

Die Franzosenzeit von 1806 bis 1814.

Nach der Besetzung des Kurfürstentums Hannover durch die Truppen des französischen Kaisers Napoleon im Jahre 1806 traten große politische und wirtschaftliche Veränderungen ein. Aus diesem Grund müssen die betreffenden Verhältnisse näher und etwas eingehender betrachtet werden.

Zunächst trat Napoleon Hannover an den König von Preußen ab. Bereits im nächsten Jahr kam es zu einem Krieg zwischen Frankreich und Preußen. Nach der für Preußen verlorenen Schlacht bei Jena und Auerstedt ordnete der Kaiser Napoleon sein erobertes Land neu. Der nördliche Teil wurde dem Kaiserreich Frankreich direkt einverleibt, aus dem südlichen Teil mit weiteren Gebieten das Königreich Westfalen neu geschaffen.

Die Grenze verlief, für unser Gebiet besonders wichtig, entlang der östlichen, der großen Landwehr. Der weitere Verlauf führte in Richtung nördlicher Süsing. Durch die unterschiedlichen Zollgebiete, einmal Kaiserreich, zum anderen Königreich Westfalen, bildete sich ein reger Warenschmuggel. Daran beteiligten sich, so Alfred Sander, Hohenbostel, recht intensiv die Einwohner von Hohenbostel.

In dieser Zeit wurde die bis dahin gültige Währung zunächst beibehalten. Daneben begann der König Hieronymus Napoleon, genannt Jerom, ein Bruder des Kaisers, im Jahre 1807 eigene Münzen zu prägen, lautend auf Franken und Centimen, also nach französischem Vorbild. Zunächst wurde noch das Bruchteil-System beibehalten, also 2/3 Taler, 1/6 Taler und so fort, ab

1808 dazu aber auch schon nach dem Zehnersystem. Neu war auch die Prägung der Buchstaben HN, für Hieronymus Napoleon, auf der Vorderseite.

Als weitere Neuerung kam das metrische Zehnersystem hinzu, das aber nach 1814 wieder abgeschafft wurde. Bestehen blieb bis heute das rechnerische Zollsystem bei Rohren. Napoleon ersetzte die seit etwa 1600 eingeführte Kontribution durch einige neue Steuern. Als Einkommensteuer kamen die Klassensteuer, die Personensteuer und die Häusersteuer. Diese Steuern blieben nach dem damaligen Krieg mit gewissen Veränderungen bis heute bestehen.

1810 ordnete der Kaiser sein Reich in unserem Bereich neu. Er schuf das Departement Nieder-Elbe mit den Districten Lüneburg, Harburg und Salzwedel. Bienenbüttel gehörte als einer von 18 Cantonen zu Lüneburg, die Ortschaft Vastorf wiederum als Colonie zur Commune Gifkendorf. An der Verwaltungsspitze des Cantons stand der Maire des Cantons. Ein Kernstück der Gebietreform von 1810 war somit die Auflösung der bestehenden Ämter. Dieser war auch zuständig für die Aufsicht von Kreditverträgen, wie sich gleich zeigen wird.

Die französische Währung wurde noch 1814 durch das neu geschaffene Königreich Hannover wieder abgeschafft. So blieb diese Franzosenzeit in der langen Geschichte eine kurze Episode.

Das Kreditwesen

Das Kreditwesen findet allmählich auch in den Dörfern seinen Einzug. Bei der Betrachtung über das Thema "Geld" spielt auch das Kreditwesen eine wichtige Rolle, hier dargestellt unter besonderer Berücksichtigung der Kirche in Vastorf. Es wird sich nachfolgend zeigen, dass Kirchen, hier die reiche Kirche in Vastorf, die Ersten waren, die Bauern in schwierigen Fällen, vor allem nach einem Brandschaden, mit Krediten aushalfen.

Bis zur Verkoppelung hatten die Bauern nur bei einem Hausbau größeren Bedarf an Fremdkapital. Das lag vor allem daran, dass sich ihre Wirtschaftsweise über Hunderte von Jahren kaum verändert hatte. In den vorliegenden ältesten Unterlagen finden sich zwar häufig Auflistungen über rückständige Abgaben an den Grundherren. Diese waren ihnen in Notlagen, zumindest teilweise, gestundet. Wiederholt werden sie aber auch als Schulden bezeichnet. Recht häufig wird vom vorgestreckten Saatkorn berichtet, das mit der nächsten Ernte zurückgeliefert werden musste. Bei einer Überschuldung drohte die Abmeierung. Der Hauswirt musste mit seiner Familie den Hof verlassen.

Die höchsten Ausgaben waren die Abfindungen an die weichenden Erben. Diese Abfindungen sowie auch die Forderungen der Altenteiler waren genehmigungspflichtig durch den betreffenden Grundherren des Hofes. Dieser musste vorgenannte Verträge genehmigen. Dabei war deren Hauptaugenmerk auf eine Belastung gerichtet, die der Hof langfristig erwirtschaften konnte. Der abgehende Wirt hatte seine Schulden anzugeben, ebenso hatten die in den Hof einheiratenden Ehepartner, ob Frau oder Mann, ihre Mitgift oder auch selbst verdientes Vermögen offen zu legen. Die Abfindungen der

"Der Bauer" aus dem "Ständebuch" des Christoph Weigel (1698)

jeweils Einheiratungswilligen waren wiederum, wenn diese, wie meist üblich, aus einem Hof kamen, von dem Grundherrn der Höfe genehmigt vorzulegen. Für die Eheverträge selbst war das Amt zuständig. In vielen Fällen vertrat das Amt auch den Grundherrn, dann war die Genehmigung etwas einfacher. Der Pastor war verpflichtet, eine kirchliche Trauung erst nach Vorliegen dieser von dem Amt genehmigten Verträge vorzunehmen. Die Zersplitterung der Zugehörigkeit der Höfe zwischen den Grundherrn und den verschiedenen Ämtern brachte für viele Bauern starke Erschwernisse mit sich. So sei hier aufgeführt, dass die Bauern aus dem Dorf Alvern, heutzutage Stadt Munster, ihre Verträge auf dem Amt in Garze, etwa 80 Kilometer entfernt, abschließen mussten, weil sie an das dortigen Amt gehörten. Es kam des öfteren vor, dass eine Genehmigung wegen einer zu hohen Forderung der Altenteiler abgelehnt wurde. Bei vielen Verträgen steht der Zusatz bei der Mitgift: "*Nach Zeit und Stunde*" oder auch "*Wenn die Reihe auf sie fällt.*" Es wird von einzelnen Fällen berichtet, dass die Abfindung nach 30 Jahren noch nicht oder nicht vollständig ausgezahlt war. Die Ablösungen mit Krediten zu bezahlen kam wesentlich später.

In den nahe gelegenen Städten, den Handelszentren, war es ganz anders. Schon recht früh ist dort von Krediten die Rede, die von Kaufleuten und Bierbrauern vergeben wurden. Für das Dorf Wulfstorf erscheint 1499 ein Kredit, allerdings indirekt, als es zusammen mit dem Dorf Gifkendorf die Zinsen für einen Kredit der Familie von dem Berge aufbringen musste. Die von dem Berge hatten sich 360 Goldgulden von dem Kloster St. Michaelis zu Lüneburg geliehen. Als Zinsen, so war vereinbart, sollten Abgaben und Erträge aus den beiden vorgenannten Dörfer dienen. Zwischenzeitlich war das Kloster der Meinung, diese Abgaben reichten nicht aus. 1606 zahlten die von dem Berge deswegen 60 Goldgulden zurück.

Die Kreditvergabe der Kirche St. Nicolaus in Vastorf

Die ersten Nachrichten über die Vergabe der Kirchen an Darlehn finden sich in den Kirchenrechnungsbüchern. Bald nach der Einführung der Reformation, in Vastorf 1564, wurden diese, wahrscheinlich auf Anordnung der Obrigkeit eingeführt, 100 Jahre bevor die Eintragungen von Lebensdaten der Gemeindeglieder in den Kirchenbüchern Pflicht wurde.

Vastorf war eine reiche Kirche, dieser Reichtum stammte aus den Erträgen des Holzverkaufes der eigenen Forst. Die Gemeindeglieder sind niemals zu Zahlungen bei Bauten herangezogen worden, wie es in fast allen Kirchen üblich war. Die ersten diesbezüglichen Eintragungen von 1564 belegen drei Mark Einkünfte aus einem Darlehn, das auf einem Haus in Lüneburg gelegt war, der Zinssatz betrug 5%.

Hier einige weitere Buchungen aus den Kirchenrechnungsbüchern der Kirchengemeinden Wendhausen und Vastorf. Im Jahre 1611 sind es fünf Bürger aus Lüneburg, die zusammen 415 Taler erhalten haben. Zwei Jahre später erscheinen 140 Goldgulden gleich 140 Taler, diese erbringen 7 Taler 8 Schilling an Zinsen. Vier Bauern aus Vastorf und drei Bürger aus Lüneburg werden 1644 als Schuldner geführt.

In der Zeit des großen Krieges ist auch die Kapitalwirtschaft zum Erliegen gekommen, es gibt kaum Buchungen. Nach dem Dreißigjährigen Krieg erscheinen zunächst nur noch Bauern aus Vastorf und den umliegenden Dörfern als Kreditnehmer.

1655 erhielt der Hauswirt Meyer, genannt auch Turmmeyer, 15 Mark Kredit zinsfrei, er musste dafür dreimal täglich die Betglocke läuten.

1682 schuldet der Zöllner Dietrich Deichmann aus Lüneburg noch 17 Taler 12 Gutegroschen als Rest von ehemals 100 Taler.

1688 erhält der Propst zu Harburg, Thomas Brater, ein Darlehn über 20 Taler.

1690 ist es der Hauptmann Harling aus Bienenbüttel, der sich 100 Taler ausleiht.

1709 gehen 20 Taler an das Schulhaus in Vastorf.

1709 gingen fünf Kredite zwischen 50 und 100 Taler an abgebrannte Bauern aus dem Dorf Holzen. Kurz zuvor hatte ein weiterer Bauer 100 Taler erhalten, dessen Anwesen ebenfalls durch Feuer vernichtet war. Dies ist der einzige Hinweis, dass das Dorf Holzen 1708 ganz oder teilweise abgebrannt ist.

1742 war an 11 Bauern und die Gemeinde Vastorf Geld ausgeliehen.

1747 hat die Kirche, trotz Baukosten, noch ein ausgeliehenes Kapital von 413 Taler, dazu noch 101 Taler vorrätiges Geld.

1771 erhielt die Schwesterkirche Wendhausen 170 Taler als Kredit zu 3%. Bei einer Visitation 1833 stellte sich heraus, dass Wendhausen erst 20 Taler zurückgezahlt hatte, aber selber Geld zu 4% verliehen hatte.

In den kommenden Jahren ist das Kloster St.Michaelis "Schuldner" der Vastorfer Kirchengemeinde. Zunächst sind 1789 100 Taler an den Landschaftsdirektor von Bülow, er war Abt des Klosters, verliehen. Aus einer

Notiz im Rechnungsbuch geht hervor, dass 1801 bei dem Brand des Pfarrhauses einige Papiere mit verbrannt sind.

1802 gehen 200 Taler an den Herrn von Hardenberg, Abt des Klosters, zu 3 1/2%. Hans von Bülow erscheint 1809 mit einer Kreditsumme von 200 Taler, er ist ebenfalls Abt zu St. Michaelis.

Ein Kreditvertrag musste daher, wie bereits aufgeführt, ab 1810 in Bienenbüttel vollzogen werden. Überliefert ist ein solcher, mit dem die Kirche Vastorf dem Gastwirt Stöckmann aus Vastorf einen Kredit über 50 Taler, das waren umgerechnet 215 französische Franken und 80 Centimen, gewährt. Zu diesem Vertragsabschluß, der in dem Hause des Gastwirts Johann Dietrich Wendland, zu der Zeit Postspediteur, vollzogen wurde, waren neben dem Schuldner anwesend:

August Friedrich Koch, Notar in Bevensen,

Johann Ludolph Niedstädt, Grobschmied in Bienenbüttel als Zeuge,

Johann Heinrich Gesterding, Kleinschmied in Bienenbüttel, ebenfalls Zeuge

Pastor Erhard aus Reinstorf als Rechnungsführer der Kirche Vastorf.

Als letzte bedeutende Ausleihungen der Vastorfer Kirche an die hiesige Landwirtschaft gingen 1828 200 Taler an Johann Heinrich Hagemann in Neu Neetze für den Aufbau seiner dortigen Anbauerstelle.

Johann Heinrich Schröder, Anbauer und Achtelhöfner, ebenfalls in Neu Neetze, erhält 1844 ein Darlehn über 100 Taler von der Kirche. Als Sicherheit dient das Wohnhaus, mit 125 Taler versichert, und 20 Morgen Land. Als weitere Belastung ist der Hof mit einer Hypothek von 25 Taler belastet.

Eine kurze Übersicht der vorstehenden Nachrichten ergibt, dass die Kirchen zu der Finanzierung größerer Aufgaben Rücklagen gebildet hatten, die aber nicht unverzinslich bleiben sollten. Die ersten bekannten Ausleihungen der hiesigen Dorfkirchen gingen an Häuser in der Stadt Lüneburg. Mit der Zeit nahmen auch Bauern Kredite auf, meist als Folgen eines betroffenen Brandschadens. An bäuerlichen Schulden lassen sich zunächst nur solche bei den Grundherren feststellen. Ab der Mitte des 16. Jahrhunderts beklagen sich auch Handwerker über Außenstände. Nach 1700 sind überwiegend örtliche Bauern Kreditnehmer, zum Ende des 18. Jahrhunderts hat auch das Kloster St.. Michaelis einen stärkeren Kreditbedarf, wobei die Klöster 300 Jahre zuvor selbst Kreditgeber waren. Im 19. Jahrhundert gehen die Rücklagen verstärkt in staatliche Anleihen, wahrscheinlich auf Grund der verbrieften Sicherheit und einem leichteren Wiederzugriff.

Sehr kompliziert waren die Ausleihungen der Kirchen nach 1830 auf Grund der unterschiedlichen Geldsorten. In den Unterlagen der hiesigen Kirchen sind 1834 vier Sorten Taler getrennt aufgeführt, das waren:

Taler auf Gold

Kassentaler	Abb. Nr. 18
Konventionstaler	Nr. 19
Kuranttaler	Nr. 20

Einige grobe Erklärungen zu den zuvor aufgeführten vier Talersorten. Diese sind bewusst allgemein gehalten, um das komplizierte Feld der Währungen für Laien verständlicher darzustellen.

No. der Oblig.	terminus solutionis	Capitalien in				Zins fuß	Einnahme an Zinsen und Nahmen der Schuldner
		Gold ℳ	Cass. M. ℳ	Cour. M. ℳ	Cour. ℳ		
3.	22. Febr. 1813.	-	50.	-	-	4.	Claus Jürgen Clavin zu Rabenberg nun: Brodermann
4.	6. März 1813.	-	50.	-	-	4.	Fr. Wilh. Stehr, Schmidt zu Horndorf.
6.	1. Novbr.	-	-	1000.	-	4.	Königliche Gymnasial.
7.	1. Novbr.	-	-	500	-	4.	Nspllen
8.	1. Novbr.	-	-	500	-	4.	Nspllen.
							Ausgefaßte Obligation, steht sicher. bei dem Finanz-Ministerio einzige Obligation, Lit. D. No. 1917. wel. lri, welch nun 1. Novbr. cf. Beleg No. 1. S. 2.
9.	2. Febr. 1825.	-	-	50.	-	4.	Hr. Christoph Steep, nun: Martin.
10.	17. Apr. 1823.	-	100.	-	-	4.	Joh. Hr. Hagemann auf der hiesigen Schwartzheppel.
11.	28. August 1827.	-	100.	-	-	4.	1e Wittwe so weit Anbeziehe Hr. Jacob Thiedemann
		-	300.	2050.	-	-	La

No. der Oblig.	nominus solutionis	Gold ℛℳ	Cass. M. ℛℳ	Conv. M. ℛℳ	Cour. ℛℳ	p.C.	Zinsen von ... Namen der Schuldner
		-	300.	2050.	-	--	Transport
12.	15. Octbr. 1831.	-	-	300.	-	3½	Elterwn b. Michaelis
13.	1. Decbr. 1833.	-	-	500.	-	3.	derselben
14.	1. Januar.	100.	-	-	-	3½	Staats-Obligation Lit. C.
15.	1. Sept.	-	-	-	2000.	3½	Staats-Obligation Lit. D. No. zahlt noch Zinsen vom 1. Novbr.
		100.	300.	2850.	2000.		Summa.

```
100 ℛ Gold    =    -    -    113.  14  4.  -
300 ℛ Cass. M. =    -    -    342.  14.  3. -
2850 ℛ Conv. M.=    -    -    2929.  4.  -
             Summa Strm    5384. 19. 7. Court.
```

Die Summen des aufstehenden Capitals p/t Nov. 1838. = Court. 5384. 19. 7.
                                       mehr " " 1837. =   "   3600. 1. 10.
                                              plus =   1784. 17. 9.

                                              Court.

ratio.

1) dieselbe Fünfziger diesem No. 15.   mit   -- 2000 ℛ - --
2) die selbe was geblieben   Court.
   a.) Oblig. No. 1. mit   -   169. 14. 3.
    " No. 2. mit   -   45. 16. - .   215. 6.
                                              1784. 17. 9.

63

Die beiden vorstehenden Blätter sind dem Kirchenrechnungsbuch Wendhausen entnommen. Sie geben die Verhältnisse nach der Franzosenzeit wider. Es waren vier unterschiedliche Taler, Geldsorten, im Umlauf. Diese Talersorten werden, wie aufgeführt, in der jeweiligen ausgegebenen Sorte geführt. Zum Jahresabschluss mussten sie zum Tageskurs in Konventionstaler umgerechnet werden. Die Zinszahlung war in der betreffenden Sorte zu erbringen. Die spätere Rückzahlung hatte ebenfalls in der seinerzeit vergebenen Talersorte zu erfolgen. An den Rechnungsführer, zu der Zeit im allgemeinen der Pastor, entstanden hohe Anforderungen hinsichtlich der Kenntnisse der Währungen. Hier einige Erklärungen zu den Talern.

Die unterschiedlichen Taler

Der Goldtaler

Nach der Franzosenzeit sind in dem Kurfürstentum Hannover als kleinste Goldmünzen nur solche im Wert von 2 1/2 Taler ausgeprägt worden mit einem Goldgewicht von etwa 3 Gramm. Ein Taler hatte demnach 1,2 Gramm Gold gegenüber dem Ausgangswert im Jahre 1524 von 2,409 g. Die umlaufenden Goldmünzen sind in dem Kapitel "Die Münz- und Währungsverhältnisse im 18. Jahrhundert" näher vorgestellt. Nach 1800 erscheinen die ersten Ablösungsverträge, die auf Gold lauten. Sie bleiben aber eine Ausnahme. Eine Ausnahme ist auch die Vergabe von 50 Taler in Gold im Jahre 1777. Der Herr von Meding, Grundherr in Barum im Kreis Uelzen, vergab einen Zuschuss zu der Übernahme eines wüsten Hofes von 50 Taler in Gold.

Der Kassataler (Abb. Nr. 18)

Der Kassataler ist als Münze nur kurze Zeit mit der Jahreszahl 1801 geprägt worden. Die kurhannoversche Regierung hatte verfügt, dass alle Zahlungen an öffentliche Kassen auf Basis dieses Münzfußes umzurechnen seien. Die Grundlage oder der Vorgänger war im Kurfürstentum der Spezitaler mit einem Silbergewicht von 25,98 Gramm. Er entsprach dem Reichstaler, meist Reichsspeziestaler genannt, von 1566. Für den Reichstaler entstand später auch der Begriff Rechnungstaler.

Der Konventionstaler

Der Konventionstaler wurde 1748 mit einem Gewicht von 23,3855 g Silber zuerst in Österreich in Umlauf gebracht. Fünf Jahre später schloss sich Bayern dieser Münzsorte an. Er war damit etwas besser als der Taler von Zinna, wesentlich höherwertiger als der Reichsfuß von Regensburg von 1738. Der Unterschied zu dem Reichstaler von Preußen war gewaltig, wobei Preußen im Siebenjährigen Krieg seinen Taler noch einmal im Verhältnis von neun auf sieben Taler abwertete. Der Konventionstaler breitete sich dann nach Norden aus. Die süddeutschen und norddeutschen Staaten des Zollvereins übernahmen 1838 offiziell den Konventionsfuß, Hannover erst einige Jahre später. Dessen ungeachtet hatte die Kirche Wendhausen bereits 1813 2.000 Taler in königlich hannoverschen Papieren nach dem Konventionsfuß angelegt. Das Verhältnis Konventions- zu Kassengeld war zunächst wie 10 zu 9 festgelegt, später schwankte es.

2/3 Taler nach dem Leipziger Fuß (Abb. Nr. 19 a) mit 12,992 g Feinsilber

2/3 Taler nach dem Konventionsfuß (Abb. Nr. 19 b) mit 11,633 g Feinsilber
Erklärungen hierzu im Text.

Der Taler in Courand, auch Kurant (**Abb. Nr. 20**)

Der Begriff Kurant bedeutet hier, dass der Wert der geprägten Münze in etwa mit dem Metallwert gleichzusetzen ist. Diese Bezeichnung erschien zuerst in den Hansestädten. Die erste Anlage von Kapital in Kurant erfolgte in Wendhausen am 1.9.1833 in Höhe von 2.000 Talern.

Das Kapital von 5.384 Taler Kurant war angesammelt für eine notwendig gewordene Reparatur und Erweiterung der Kirche selbst. Hierzu sind verkauft worden die Anlagen in Konventionstaler. Auch erscheinen in den folgenden Jahren Kassenmünzen nicht mehr. Diese waren ausschließlich an Bauern ausgeliehen. Wahrscheinlich waren sie zurückgezahlt worden, genau lässt sich das leider nicht feststellen. Es fällt auch auf, dass diese Ausleihungen an Bauern nur Kassenmünzen waren. Das angesammelte Kapital stammte aus Zinserträgen und Holzverkäufen.

Eine verbindliche Angabe von Wechselparitäten der vier aufgeführten Taler ist nicht möglich, da sich der Wert untereinander fast laufend änderte. Zum besseren Verständnis sind hier zwei Seiten des Kirchenrechnungsbuches der Kirche Wendhausen eingefügt. Diese zeigen recht anschaulich die damaligen Verhältnisse. Angemerkt sei, dass in den jeweiligen Prüfungsberichten eine gewisse Anzahl Beanstandungen, vor allem wegen der Paritäten, erhoben wurden. In der Haushaltsrechnung der Kirche Vastorf gab es deswegen 1836 fünfzehn Beanstandungen.

Der Auszug belegt die Vielfalt der umlaufenden Geldsorten zu Beginn des 19. Jahrhunderts. Die Grundsorte war das Courant, auch Kurantgeld. Hierauf mussten die übrigen Sorten umgerechnet werden. Da der Umrech-

66

nungskurs laufend schwankte, war dieser Vorgang sehr kompliziert, er führte zu immer wiederkehrenden Beanstandungen der Aufsicht, hier das Patronat des Klosters St. Michaelis zu Lüneburg. Der Rechnungsführer war der jeweilige Pastor, er bekam jährlich 12 Taler als Entschädigung. Ein Lehrer an den Dorfschulen, nicht Küsterschulen, hatte ein Bareinkommen zu der Zeit von etwa 30 Taler.

Der Verfall der Währungen oder die Herabsetzung des Silbergehaltes der Reichstaler in der Übersicht :

1566 Reichstag in Augsburg	25,98 g Silber

(3. Münzordnung des Kaisers)

1677 Münzrezess von Zinna	22,272 g Silber
1738 Reichsfuß von Regensburg	19,488 g Silber
1750 Reichstaler Preußen	16,047g Silber

(Graumannsche Fuß)

1857 Deutscher Münzverein	16,666 g Silber

(eine geringe Erholung)

Verfall des Wertes des Goldtalers:

1325 Ein Goldtaler = ein Floren = 3,357 g Feingold	
1424 I. Reichsmünzordnung	2,409 g Feingold
Um 1800	1,2 g Feingold

Der Dukat

Seit dem Mittelalter bis 1827 konstant 3,49 g Feingold.

Zu den unterschiedlichen Reichstalern müssen für das Königreich Hannover die unterschiedlichen 2/3 Taler hinzugefügt werden. Dies sind die

Prägungen ab 1813 bzw. 1820. Sie tragen gleichlautend neben der Wertangabe 2/3 Taler auch die Aufschrift 16 Gutegroschen. Der Unterschied besteht darin, dass eine Sorte nach dem Leipziger Fuß mit einem Silbergehalt von 12,992 g geprägt wurde, die andere nach dem Konventionsfuß mit einem Anteil von 11,633 g. Als Ursachen werden angegeben einerseits die Verbindungen zu der Handelsstadt Hamburg, die dieses Geld für den Außenhandel benötigte, andererseits aber auch die Forderung der öffentlichen Kassen, nur die guten Stücke anzunehmen. Später war die Verordnung wieder gelockert, auch die Kurantstücke wurden mit 18 Ggr. 8 Pfennig Aufgeld für das 2/3 Taler-Stück akzeptiert.

Für die Bevölkerung wirkten sich diese unterschiedlichen Münzen, da sie die Hauptumlaufmünze war, auch insofern aus, dass in Alteilteils- und Hofübergabeverträgen der Zusatz fest geschrieben wurde: *Rückzahlung in guten 2/3 Taler Stücken*. Die höherwertigen Münzen nach dem Leipziger Fuß sollten der Verbindung zu der Hansestadt Hamburg dienen, die sie für den Außenhandel benötigte. Es bestand aber auch die Forderung der öffentlichen Kassen, nur die guten Stücke anzunehmen.

In dem vorhergehenden Absatz über die II. Kipper- und Wipperzeit war angeführt, dass zu dem derzeitigen guten Geld hier zu Lande die Münzen mit dem Ross, die *Roßtaler* zählten. Das war nach 1814 genau umgekehrt, die Münzen mit dem Ross waren nach dem Kurantfuß geprägt.

Die napoleonische Zeit

Diese Zeit, gerade einmal sieben Jahre, ist für die 1000-jährige Geschichte Bienenbüttels nur eine kurze Episode. Aber trotzdem haben diese Jahre große Veränderungen gebracht, die aber größtenteils durch das Königreich Hannover wieder abgeschafft wurden.

Durch die Einteilung oder Aufteilung des Kurfürstentums Hannover war Bienenbüttel an das Königreich Westfalen gekommen. Der Landesherr war Hieronymus Napoleon, ein Bruder des Kaisers, der somit auch Münzherr war. Gültigkeit hatte in weiten Teilen seines Landes die bisherige Talerwährung, eingeteilt in 2/3 und 1/6 Taler. Gleichzeitig führte er aber auch die französische Währung nach dem Zehnersystem ein. Das waren 40 bis 5 Franken in Gold, 5 bis 1/2 Franken in Silber, Kleinmünzen, so genannte Centimen im Nennwert von 20 bis 1 Centime. Letztere aus unedleren Metallen wie Billon, einer Legierung mit geringem Silberanteil, und Kupfer. Ab 1811 galten im öffentlichen Zahlungsverkehr nur noch Franken.

Nach dem Ende der Franzosenzeit nahm zunächst der Konventtaler eine besondere Stellung ein, später dann der Kuranttaler. Diese Geldsorten sind vorstehend an dem Beispiel der Kirche Wendhausen eingehender besprochen.

Die Vereinsmünzen

Auf diese Taler folgten 1838 die Vereinsmünzen, geprägt auf Grund des Vertrages von Dresden, der Dresdner Konvention. Dies war ein erster Schritt zu einer gesamtdeutschen Währung mit Beteiligung der süddeutschen und der norddeutschen Staaten des Deutschen Zollvereins. Nur Hannover trat diesem Verein zunächst nicht bei. Auf Grund des großen Silberreichtums des Harzes fühlte es sich alleine stark genug und blieb bei dem Leipziger Fuß. Wie bedeutend dieses Silber war beweist, das in der Münzstätte Claustal in diesen Jahren für 700.000 Taler Münzen, einschließlich Kleinmünzen, aus Harzer Silber ausgeprägt wurde. Fast 20 Jahre später, 1857, entstand mit dem Wiener Münzvertrag, unter Einschluss von Österreich und Liechtenstein der Deutsche Münzverein. Grundlage dieser neuen Münzen war jetzt das Gewicht des Pfundes zu 500 Gramm. 1.000 Gramm = 1 kg. Das alte Gewicht der Kölner Mark aus dem 13. Jahrhundert von 233,84 Gramm, 2 Mark = 1 Pfund zu 467 Gramm, hatte somit nach 500 Jahren ausgedient. Auch für den neuen Taler war dieses Gewicht zur Grundlage geworden. Das bedeutet, aus 500 g Silber wurden 30 Stück zu je 16,666 g Feinsilber geprägt. Der Taler selbst war unterteilt in 30 Groschen zu je 10 Pfennigen. Nur Preußen blieb bei einem Groschen gleich 12 Pfennig. Das Fünfpfennigstück entsprach später dem beliebten Berliner Sechser, noch im vorigen Jahrhundert sprachen die Berliner von dem "Sechser."

Die Roggenpreise im 19. Jahrhundert

In den folgenden Nennungen der Preise lässt sich ein Bruch mit den vorhergehenden leider nicht vermeiden. Diese sind zunächst, bis 1856, in Kuranttaler angegeben. 1857 wurde auch für unser Land der Wiener Münzvertrag zur verbindlichen Währung. Dadurch entstand, wenn auch nur für eine kurze Zeit, eine fast einheitliche Währung der deutschsprachigen Staaten. Um einen einfacheren Vergleich zu ermöglichen, wird das Gewicht jetzt in Doppelzentner (dz) gleich 100 kg angegeben. Das handelsübliche Maß auf den Höfen blieb allerdings für dieses Jahrhundert noch der Himten.

1801 galt der Roggen 7 Taler.
1805 stieg er vorübergehend auf 13 Taler, fiel dann wieder auf 5 Taler. Auf
    dieser Höhe blieb er auch in der Franzosenzeit. 1816, ein sehr schlech-
70

tes Ertragsjahr, hatte einen Preis von 10 Taler zur Folge. 1824 und die Jahre darum waren außergewöhnlich gute Erntejahre, der Preis fiel unter 2 Taler.

1830 erzielten die Bauern über 6 Taler, anschließend fiel er wieder bis auf 3 Taler. 1846, ein verregnetes Jahr, stieg der Roggen bis auf 8 Taler, eine Folge dieser Teuerung kam 1847 mit der bekannten Revolution.

1853 - 1855 stieg der Preis auf bis zu 10 Taler.

1856 bis 1863, das Ende der Aufzeichnungen von Oberschelp, waren es um die 5 Taler.

Folgende Preise sind den Notierungen der Lüneburger Landeszeitung entnommen, Notierungen meist aus Hildesheim. Lüneburger Notierungen etwa 8% niedriger.

Ab dieser Zeit werden die Preise in Reichsmark angegeben, eine Mark = 10 Groschen, ein Groschen = 10 Pfennig.

1878	15 Mark	
1892	17,25 Mark	
1896	13, 50 Mark	
1897	14 Mark	
1901	14 Mark	
	im September 13,40 Mark	
1906	im März	16 Mark
	im August	14 Mark in Lüneburg

Die aufgeführten Preise von 13,50 Mark je 100 kg sind gleichzusetzen mit den oben genannten Durchschnittspreisen zu 4 1/2 Taler. Die Preise waren nach 1892 stabil geblieben.

Die großen Preisschwankungen fanden in der Mitte des 19. Jahrhunderts ihr Ende. Auffällig ist, das 1892 der Roggenpreis auf 17,25 Reichsmark stieg. 1890 erfolgte, nach der Entlassung des Reichskanzlers Otto von Bismarck, unter Georg Leo Graf von Caprivi, Reichskanzler von 1890 bis 1894, eine Senkung der Einfuhrzölle für Agrarprodukte. So sollen hier die Ablösungspreise, die bei der Ablösung des Zehnten der Höfe von dem jeweiligen Berechtigten zur Anwendung kommen, mit herangezogen werden. Diese wurden aus einem langjährigen Durchschnitt, bis 25 Jahre, ermittelt. 1834 - 1857 = 4 ½ Taler. Dieses Ergebnis ist identisch mit Oberschelp.

Wie sehr die Kartoffelpreise schwankten belegt ein Bericht aus dem Jahre 1892: Die Kartoffelpreise betrugen im März 8,30 Reichsmark, am Ende des Jahres nur noch 1,60 Reichsmark je 100 kg.

Aus dem Hofbuch des Johann Jürgen Behn, Hof Nr. 2 in Rohrstorf bei Himbergen.
Erzielte Verkaufsreise:

1897	13,60 Mark
1901 im November	15 Mark
1902 im Februar	20 Mark
1902 im Juni	15,15 Mark
1911	15 Mark
1912 Mai	22 Mark
Oktober	20 Mark

72

Abschlussrechnung des Hofes in Reichsmark

	Einnahmen	Ausgaben
1899	3080	2200
1890	2270	2570
1891	4683	3017
1892	4070	3860
1893	4615	3454

Die Löhne im 19. Jahrhundert

In der Landwirtschaft erfolgte die Auszahlung des Barlohnes an lediges Gesinde im allgemeinen jährlich zu Michaelis (Ende September). In dieser Zeit fielen auch die Jahrmärkte in den Dörfern. Hier bestand die Möglichkeit, sich Gebrauchsgegenstände für den täglichen Bedarf zu erwerben. In verschiedenen Aussagen der Zeit zählte der Markttag neben Weihnachten zu den bedeutenden, ständig wiederkehrenden Tagen im Jahr. Es wird auch von dortigen Lotterien berichtet.

Die Aufteilung der Löhne war von Dorf zu Dorf, teils auch von Hof zu Hof, recht unterschiedlich. Als Zeitpunkt der Untersuchung ist hier das 18. - 19. Jahrhundert gewählt. Albrecht Daniel Thaer gibt den Lohn in seiner Veröffentlichung "Beschreibung des Herzogsthums Lüneburg in landwirtschaftlicher Hinsicht" so an:

Der Knecht in bar   15 Taler
2 Stück Hafer und 1 Stück Buchweizen Landmiete
                          a 18 Mgr.   1 Taler 18 Mgr.
Zweimal pflügen und eggen (Die Saat stellt der Knecht)

a 24 Mgr.	2 Taler
2 Paar Schuhe a 30 Mgr.	1 Taler 24 Mgr.
2 Hemden und 2 Hosen aus der Haushaltung	
Mietgeld jährlich	3 Mgr.
dem Dienstjungen bar	5 Taler
2 Paar Schuhe a 30 Mgr.	1 Taler 24 Mgr.

Erläuterungen:

Die berechneten Kosten für das bewirtschaftete Land des Knechtes lassen auf zwei Morgen Gesamtfläche schließen. Bei zwei Drittel Hafer wäre der Ertrag von 1 1/3 Morgen nach Abzug der Aussaat und des Zehnten etwa 2 - 3 Zentner, der Verkaufserlös ist mit 100 Mgr. = etwa 3 Taler anzusetzen. Bei den vorgegebenen Unkosten blieb für 2/3 Morgen Buchweizen noch 1/2 Taler übrig, wahrlich kein großes Geschäft, zumal auch noch ein Risiko getragen werden musste. Wenn von einer Fläche des vorgenannten Ackers von 3 Morgen ausgegangen werden kann, sieht die Sache für den Knecht etwas besser aus.

Beiderwand bedeutet mit eingewebter Wolle. In dem 19. Jahrhundert war der Aufzug, die Kette, Baumwolle. Wahrscheinlich bestand diese zu der Zeit auch aus Leinen.

In dieser vorstehenden Auflistung ist ein Betrag von 3 Mgr. für Miete angegeben, aber nicht bei dem Dienstjungen. Es kann vermutet werden, das Knecht und Magd verheiratet waren und eine gemeinsame Wohnung hatten, aber am Tische des Bauern verpflegt wurden. Derartige Fälle sind aus mehreren Dörfern bekannt.

Aus verschiedenen Quellen der Zeit :

Ein Hemd	= 1/2 Taler,
5 Ellen Lein	= 12 Mgr.,
ein Paar Schuhe	= 1 Taler.

In einem Vergleich der vorstehenden Preise scheint das Leinen sehr günstig bewertet zu sein. Ein Schäfer in Bargdorf je Jahr 1 1/2 Taler Barlohn, war mit 20 eigenen Schafen gekommen, hat nach neun Jahren 140 eigene Schafe. Wie zu ersehen, ist eine Beurteilung über den Wert der erhaltenen Naturalleistungen des Gesindes überaus schwierig und mit vielen Fehlern behaftet.

Aus Seedorf bei Bad Bevensen wird berichtet, dass dort neben dem Barlohn die Sommerarbeit mit der Aussaat von Sommerkorn, Winterarbeit mit Winterkorn entlohnt wurde. Hierbei ist zu beachten, dass die Löhne der Knechte alle in bar bezahlt wurden, die Mägde erhielten selbst gewebtes Leinen für ihre Aussteuer. Es war in jenen Zeiten wie auch später üblich, dass die Schäfer an der Herde beteiligt waren, eine frühe Form einer betrieblichen Gewinnbeteiligung!

Unter Bauern erzählte man sich einen Schnack von einer Lohnverhandlung eines Bauern mit einem Schäfer bei dessen Neueinstellung. Der Bauer hatte dem Schäfer neben der üblichen Kost und Unterkunft und einem Barlohn einen Anteil von einem Viertel an der Schafherde angeboten, der Schäfer lehnte dieses ab mit der Begründung: Ein Nachbar hätte ihm ein Fünftel Anteil an der Herde geboten!

Die vorgenannten Löhne erscheinen allgemein als niedrig, dabei ist eine Reihe von Fällen bekannt, dass das Gesinde den Lohn, ob in bar oder in Naturalien, über mehrere Jahre auf dem Hof stehen ließ. Bei Eheverschreibungen um 1800 erscheinen Bargeldbeträge bis 300 Taler als selbst verdientes Geld. Bei den gezahlten Löhnen ist weiter zu beachten, dass das Gesinde bis zum Tode auf dem Hof bleiben konnte, also eine Altersversorgung gegeben war.

In dieser Zeit stiegen die gezahlten Löhne auf dem Hof Behn in Rohrstorf stark an, sie verdoppelten sich in einem Zeitraum von 17 Jahren. Die Hauptursache dafür wird der starke Ausbau der deutschen Industrie gewesen sein, die viele Arbeitskräfte anzog. Auf dem Hof waren nach den Aufzeichnungen nur ledige Knechte und Mägde beschäftigt.

An Jahreslohn zu Michaelis werden genannt:

	1897	1901	1907	1908	1912	1913
der Großknecht	210 Mark	228 Mark	300 Mark	360 Mark	340 Mark	380 Mark
der Pferdeknecht	144 Mark	200 Mark	210 Mark	270 Mark	300 Mark	350 Mark
der Kleinknecht	75 Mark	keiner	keiner	keiner	keiner	keiner
die Großmagd	135 Mark	120 Mark	250 Mark	247 Mark	200 Mark	285 Mark
die Kleinmagd	80 Mark	150 Mark	150 Mark	247 Mark	200 Mark	200 Mark
ein Arbeiter		keiner	keiner	200 Mark	keiner	

In den Jahren 1897-1913 stiegen die ausgezahlten Löhne demnach um 80-100 % an. Eine solche Steigerung in dieser Zeit lässt sich in der

Veröffentlichung von Jürgen Kuczynski nicht nachweisen, wie sich gleich zeigen wird.

Eine grundlegende Veränderung im deutschen Reich war zuvor mit der Arbeitsgesetzgebung und vor allem mit der Einführung der Sozialversicherung eingetreten. 1883 war es die Krankenversicherung, 1884 die Unfallversicherung und 1889 die Invaliden- und Altersversicherung. Die Gesamtbeiträge zu den Sozialversicherungen stiegen von 1887 von 100 Millionen Mark bis auf 1 Milliarde im Jahre 1913 (Nach Kuczynski).

Gezahlte Tageslöhne für Handwerker:

1827 ein Maurergeselle   je Tag 10 Ggr.
1852 ein Tagelöhner   je Tag   8 Ggr.
1869 ein Maurergeselle   je Tag 11 Ggr.
1891 ein Tagelöhner   je Tag 1,50 Mark
1903 ein Handwerker   je Tag 1,50 Mark
1912   Tagelohn   1,50 Mark, aber auch 1,00 Mark.
    Bei dem Bau einer Scheune in Varendorf Hof Nr.3, G. Hallensleben, für Gesellen:
1912 bis zum 5. April je Std. 0,46 Mark, ab 6. April je Std. 0,53 Mark.

Nachdem Preußen im Jahre 1866 das Königreich Hannover annektiert hatte, endete auch die Münzprägung für Hannover. Das preußische Geld war somit auch Landeswährung. Die Münzstätte Hannover, die die Ausprägung des Harzer Silbers nach der Schließung der Münzstätte Clausthal 1849 übernommen hatte, prägte bis 1878 die späteren Reichsmünzen mit dem Buchstaben "B" weiter.

Die große Münzreform nach Gründung des II. Deutschen Reiches

Nach Beendigung des Deutsch-Französischen Krieges durch den Sieg über Frankreich vom 2.9.1870 war Deutschland unter der Führung Preußens auf der Höhe seiner Macht angelangt. Preußen hatte sich bereits vorher einige Staaten einverleibt. Durch Verhandlungen des damaligen Reichskanzlers von Bismarck folgten weitere Zusammenschlüsse. So konnte Preußen mit recht großer Machtfülle dem Nachbarland Frankreich nach dessen Kriegserklärung entgegentreten. Zur weiteren Einheit fehlte zunächst noch die einheitliche Währung.

Am 4.12.1871 erging das erste, man möchte sagen, gesamtdeutsche Münzgesetz. Die Grundlage war die Reichsmark, **Abb. Nr. 22**, zu 100 Pfennig, ähnlich wie sie Hamburg bereits hatte. Verbindlich eingeführt wurde diese Reichswährung durch eine Verordnung des Kaisers Wilhelm I. vom 22. September 1875 zum 1. Januar 1876. Die letzten Landesmünzen wurden erst 1907 außer Kraft gesetzt.

Grundlage dieses Gesetzes war die Einführung der Goldwährung, die in der damaligen großen Wirtschaftsmacht England bereits aus dem 18. Jahrhundert im Umlauf war. Hiermit wollte sich das Deutsche Reich auch auf den aufblühenden Weltmarkt einstellen.

Zunächst wurden goldene Zwanzig- und Zehnmarkstücke geprägt mit einem 900 Goldgehalt. Das Rauhgewicht der Zwanzig Mark, **Abb. Nr. 29**, betrug 7,96495 Gramm, das Feingewicht 7,16896 Gramm, bei dem Zehnmarkstück die Hälfte. Auf der Vorderseite, Avers genannt, befand sich das Reichswappen, der Reichsadler und die Jahreszahl. Die Rückseite, Revers unter Fachleuten genannt, zeigt das Bild des jeweiligen Landesherrn bzw. das Wappen der betreffenden Städte. Dies war das Entgegenkommen des Reiches an den jeweiligen Landesherrn bzw. die Städte.

Prägen der Münzen

Lithografie aus Meißen, ohne Jahresangabe

Für diese Prägungen waren große Goldmengen nötig, nach statistischen Unterlagen von 1871 bis 1873 für 600 Millionen Mark. Dieses Gold kam zum großen Teil aus der Kriegsentschädigung aus Frankreich. Von der Gesamtentschädigungssumme von fünf Milliarden Franken waren 500 Millionen in Gold zu zahlen. Die Gesamtsumme entspricht nach heutigem Geld etwa 50 Milliarden Euro, eine gewaltige Summe. Das Gold lagerte die preußische Regierung im Juliusturm in Berlin.

Bis zum I. Weltkrieg sind nach Berechnungen des bekannten Numismatikers Kurt Jaeger, 228.109.000 Goldmünzen zum Nennwert von 20 Reichsmark geprägt. Dazu kamen 77.227.000 Stücke zu 10 Reichsmark und 5.593.985 Münzen zu 5 Reichsmark. Die Letzteren waren nicht sehr beliebt, wahrscheinlich waren sie zu klein. Ab 1881 hat die deutsche Reichsbank diese heimlich eingezogen. Die Reichsbank war am 14.3.1873 als Nachfolgerin der Preußischen Bank gegründet. Nach Schätzungen Jaegers waren 1975 noch etwa 70 bis 80 % dieser Goldmünzen vorhanden. Diese Prägungen erforderten 2.145 Tonnen Gold, Bestand der Bundesrepublik, Stand September 2006 = 3.422,54 Tonnen.

Im 1. Weltkrieg erging die Verpflichtung, alle Goldmünzen abzuliefern, Erfolg siehe vorstehenden Absatz. Frau Strauchmann geb. Hertel aus Bienenbüttel erinnerte sich, dass ein Bauer zu ihrem Vater, dem Tischlermeister Hertel kam. Der war seinerzeit Mitglied des Aufsichtsrates der Spar- und Darlehenskasse Bienenbüttel. Er legte einen Tisch voll mit lauter 20-Mark-Stücken zur Einlieferung. Dafür gab es zur Erinnerung eine Eisenmedaille mit der Aufschrift: *Gold gab ich zur Wehr, Eisen nahm ich zur Ehr*. In eiserner Zeit 1916.

Von einem Hof, der nicht gut da stand, wird berichtet, dass am Tage nach der Hochzeit des jungen Bauern ein großer Teil der Aussteuer in 20-Mark-Stücken auf einem Tisch ausgelegt war. Er hatte 1881 eine reiche Frau geheiratet. Es waren alle Handwerker eingeladen, die Forderungen an den Hof hatten. Diese sind dann in Gold beglichen worden.

Das Papiergeld

Der Gesamtkomplex des Papiergeldes und der Grund für die Ausgabe ist sehr vielfältig. Im Bewusstsein der Bevölkerung hatte es lange Zeit den Ruf: "Davon lässt man am Besten die Finger von."

Die mit Abstand größte Bedeutung hatte ohne Zweifel das vom Staat bzw. der Obrigkeit ausgegebene. Aber schon recht früh, 1574, ist auch Notgeld als Belagerungsgeld bekannt. In den niederländischen Städten Leyden und Middelburg nahm man hierzu als Material die Deckel von katholischen Kirchenbüchern.

Das erste amtliche Papiergeld ist in China vor mehr als 1000 Jahren ausgegeben. In Europa war es Schweden, das bereits 1661 dieses Geld einsetzte, 100 Jahre später war es die Wiener Stadtbank, die Scheine in den Umlauf brachte. Sachsen folgte 1772, Preußen dann 1806. So waren es lange Jahre nur die industriell fortschrittlichen Länder Preußen und Sachsen, die in Deutschland Papiergeld in den Umlauf gebracht hatten. Die Hannoversche Bank druckte 1856 das erste Papiergeld für das Königreich Hannover. Um die Mitte des 19. Jahrhunderts war, bedingt vor allem durch den Bau der Eisenbahnen, ein großer Geldbedarf entstanden. Die großen Geldsummen zur Ablösung der Höfe sind in Hartgeld bezahlt. Die Ablehnung der Bevölkerung lag auch der Umstand zu Grunde, dass zu dieser Zeit die Geldfälscher Hochkonjunktur hatten. Von 145 umlaufenden Geldsorten wurden 43 als Fälschungen erkannt. Nach der Gründung des II. Deutschen Reiches kam es zu mehr Sicherheit. Neben der neu gegründeten Reichsbank behielten auch eine Reihe von privaten Länderbanken das Recht zur Ausgabe von Papiergeld. Es musste zunächst aber durch den Bestand an Bargeld der betreffenden Banken abgesichert sein. 1899 waren Geldscheine im Wert von 541 Millionen im Umlauf.

Sachsen: 2 Reichstaler 1. Oktober 1772
Erstes sächsisches Papiergeld und zugleich erstes deutsches
Papiergeld, das wirklich als Zahlungsmittel zirkulierte

Dieser Scheck wird eingelöst von nachstehenden Banken und Sparkassen: ...Spar= und Darlehnskassen in Altenmedingen, Bevensen, Bienenbüttel und Himbergen

Hannoversche Bank, 10 Taler, Banknote
Ausgabe vom 1. März 1857

Mit dem Beginn des I. Weltkrieges entstand ein Kleingeldmangel, die zum Militärdienst einberufenen Soldaten benötigten etliches zur Freizeitgestaltung (Karten spielen). So entstand das erste Kriegsgeld, dem später die überaus große Anzahl der Notgeldausgaben folgte.

Anzumerken sei hier noch, dass die im Jahre 1856 gegründete Hannoversche Bank 1857 Geldscheine im Wert von 10 und 100 Talern in dem Umlauf brachte.

Die ersten Banken und Sparkassen entstehen

Als erste deutsche Bank wird die 1619 gegründete Hamburger Bank angesehen. Ihr Vorbild war die Bank von Amsterdam. In Meyers Lexikon ist unter dem Stichwort "Hypothek" zu lesen, es stamme aus dem griechischen. Eine Hypothek ist danach ein auf den Grundpfandrechten beschränktes, dingliches Grundstücksrecht zu einer Geldforderung. Allgemein bedeutet dieses, eine Sicherheit für ausgeliehenes Kapital.

Das Wort wird aber auch verwendet als Bezeichnung für eine besondere Belastung. Als Beispiel gelten Vorkommnisse aus der nationalsozialistischen Zeit als schwere Hypothek für die Bundesrepublik Deutschland. Für Europa ist die erste Hypothekenbank um 1715 in Frankreich bekannt, die aber bald in Konkurs geriet.

Für Deutschland gilt als älteste Hypothekenbank die Braunschweigische Herzogliche Leihkasse von 1765. 1775 gründeten in Preußen die Landschaften eine Hypothekenbank. Beliehen wurde vorwiegend der Adel, der über entsprechenden Grundbesitz verfügte.1834 folgte die Gründung der Bayrischen Hypotheken- und Wechselbank als Aktiengesellschaft.

1840 kam es dann mit landesherrlicher Unterstützung in Hannover zur Gründung der Kreditanstalt für Ablösung, später Hannoversche Landeskreditanstalt. Damit war auch für unser Gebiet die Möglichkeit einer Finanzierung des zumindest teilweise hohen Kapitalbedarfs der Ablösung zu lindern. Dies Kapital war jetzt durch den Grundbesitz der Bauern über Hypotheken abgesichert. Aus diesem Grunde war es möglich, einen günstigen Zinssatz bei einer langen Laufzeit anzubieten. Dieses Geld konnte auch für einen Ausbau der Gebäude verwandt werden. Durch die Vergrößerung der Ackerflächen stieg auch der Viehbestand stark an. Diese Ausweitungen waren wiederum nötig, da auch die Bevölkerung stark angewachsen war.

Etwa gleichzeitig, 1839, entstand die Stadtsparkasse in Uelzen, die Kreissparkasse erst 25 Jahre später. Die Kreissparkasse Bevensen, einstmals selbständig, war auch für Bienenbüttel zuständig, das 1924 eine Zweigstelle erhielt. Der erste Geschäftsstellenleiter war der Kaufmann Helmut Malzahn, in dessen Haus die Kassenräume lange verblieben.

Für Bienenbüttel war es die Spar-und Darlehenskasse, die am 15. Februar 1898 von 37 Mitgliedern gegründet wurde. Die ersten Rendanten, Geschäftsführer, waren Bauern und Kaufleute. Als erster Aufsichtsratvorsitzender wurde Pastor Bruno Haentzsche gewählt. Es mutet etwas seltsam an, wenn für einen Kredit von 1.500 Reichsmark zwei Aktien der Zuckerfabrik Uelzen hinterlegt werden mussten. Die erste hauptamtliche Angestellte war Liesbeth Kruse.

In Bienenbüttel lief der Schnack um: *"Wo hest Du dien Geld, bie Helmut Maltzahn oder Liesbeth Kruss?"* Die Verbindung zum Geldinstitut war sehr persönlich.

Schlussbetrachtung

Mit dem Ende der Friedenszeit des II. Deutschen Reiches soll diese Veröffentlichung enden.

In dieser Veröffentlichung ist als wertbeständigster Bezugspunkt der Roggen, eine Getreidefrucht, gewählt. In allen Vergleichen kam der Verfasser zu der Überzeugung, damit das Geeignetste gefunden zu haben. Der Roggen hatte als Hauptnahrungsmittel der Bevölkerung eine genauso große Bedeutung wie für die Bauern als wichtigste Verkaufsfrucht. Bei der Bewältigung der Inflation 1923 wurde die Roggenmark als neue Währung ernsthaft mit in Betracht gezogen. Die Reichsregierung hatte sich dann aber für die Rentenmark entschieden. Es sind zu der Zeit eine Reihe von Wertpapieren auf den Markt gekommen, die auf Roggen bezogen waren. In der Landwirtschaft sind darüber hinaus verschiedene Altenteilsverträge auf Roggenbasis abgeschlossen worden.

Die Zeit von dem Beginn des I. Weltkrieges bis nach dem Ende des II. Weltkrieges war, rückwärts betrachtet, eine recht kurze Zeit. Sie war erfüllt von Turbulenzen der Währung, wie sie zuvor in so kurzer Zeit noch nicht vorgekommen war. Das Deutsche Reich ging mit einer guten Währung in den Krieg, schon nach kurzer Zeit wurden die Bürger zu der Zeichnung von Kriegsanleihen aufgefordert., die nach dem Kriege fast wertlos waren.

Zwei Erinnerungen des Verfassers an diesbezügliche Gespräche mit Zeitzeugen der damaligen Zeit :

- Mein Urgroßvater, ein Bauer von echtem Schrot und Korn erzählte, er hätte einmal vier Schweine verkauft, der Händler legte ihm als Erlös eine Million Mark auf den Tisch. Er habe dann lange Zeit davor gesessen und diesen Betrag regungslos angestarrt.

- Mein Lehrmeister, ein Schmiedemeister aus Lüneburg berichtete, er hätte sich nach Einführung der Goldmark ein Taxi zur Fahrt zum Bahnhof bestellt. Der Taxifahrer rechnete den Preis von Papiermark um, für die errechnete Summe hatte er kurz zuvor einen neuen Akkerwagen angefertigt und verkauft!

Bei einem Gesamtüberblick der vorstehenden Zusammenstellungen drängt sich die Erkenntnis auf, dass eine wirtschaftliche Aufwärtsbewegung verbunden war mit Tendenzen zur Inflation. In dem Anhang sind verschiedene Berechnungen aus veröffentlichten Quellen angefügt.

Möge dieses Buch, das sicherlich nicht ganz fehlerfrei sein kann und wird, dazu beitragen, vielen Lesern eine gute Stütze zu sein!

Verwendete Literatur

Jesse, Wilhelm: Der Wendische Münzverein; Verlag Klinkhart & Biermann, 1927.

Kluge, Bernd: Münzen und Geld im Mittelalter;
Verlag D. Busso Peuss Nachf., 2004.

Kroha, Tyll: Lexikon der Numismatik; Bertelsmann Lexikon Verlag, 1977.

North, Michael: Geldumlauf und Wirtschaftskonjunktur im südlichen Ostseeraum an der Wende zur Neuzeit (1440-1570); Kieler Historische Studien, Band 35, Verlag Jan Thorbecke Sigmaringen, 1960.

Oberschelp, Reinhard: Beiträge zur niedersächsischen Preisgeschichte des 16. bis 19. Jahrhunderts; Veröffentlichungen der Niedersächsischen Landesbibliothek Hannover, Verlag August Lax, 1986.

Pick, Albert: Papiergeld Lexikon; Mosaik Verlag, 1978.

Schnuhr, Eberhard: Lüneburg als Münzstätte; Lüneburger Blätter, 1956.

Spranger, Bernd: Über die Kaufkraft alter deutscher Münzen, oder " Was war das Geld früher wert?"; preisgekrönte Arbeit, veröffentlicht in der Zeitschrift mony trend Nr. 3 u. 4., 1977.

Stefke, Gerald: Verschiedene Veröffentlichungen, 1955 u.f.

Suhle, Arthur: Deutsche Münz- und Geldgeschichte von den Anfängen bis zum 15. Jahrhundert; Ernst Battenberg Verlag, 1970.

Voigtländer, Heinz: Löhne und Preise in vier Jahrtausenden; Numismatische Gesellschaft Speyer e.V., 1994.

Wachinski Prof. Dr., Emil: Währung, Preisentwicklung und Kaufkraft des Geldes in Schleswig-Holstein von 1225–1864; Quellen und Forschungen zur Geschichte Schleswig Holsteins, 1962.

Witthöft, Harald: Umrisse einer historischen Metrologie zum Nutzen der wirtschafts- und sozialgeschichtlichen Forschung, Band 1 und 2; Vandenhoeck & Ruprecht, 1979.

Anhang

I. Erklärung und Vorstellung der Münzen

Im Folgenden werden die im Text bereits angesprochenen Münzen näher erläutert. Mit eingefügt sind Hinweise auf Bezeichnungen und auch deren Herkunft. Des Weiteren finden sich hier auch Erläuterungen zu den Entwicklungen der Währungsgeschichte und den damit verbundenen Münzen.

1.)   10-12 Jahrh. Pfennig geprägt in Lüneburg oder (und) Bardowick

1,3 – 1,5 Gramm

2.)   13.-16. Jahrh.   Hohlpfennig   0,25 - 0,5   g

3.)   15. Jahrh. Blaffert   Pfennig   0,5 - 0,6   g

4.)   Witten (Weißpfennig) 4 Pfennig   1,2 - 1,3   g

5.)   Viertelwitten   1 Pfennig   0,3   g

6.)   14. – 15. Jahrh.   Sechsling   6   Pfennig   1,2 - 1,7   g

7.)   Dreiling   3   Pfennig   0,9 - 1,2   g

8.)   1432 und danach Schilling   12   Pfennig   2,1 - 2,3   g

9.)   1492   Doppelschilling   2   Schilling   3,3 - 3,4   g

                                    24   Pfennig

10.) 1546   1 Mark

                    = 16 Schilling = 192 Pfennig   14   g

11.)   ½ und ¼ Mark, entsprechend des Anteils

12.) 1546   und viele folgende

                  Ein Taler = 2 Mark = 32 Schilling   27,4   g

13.)   ½ und ¼ Taler, entsprechend des Anteils, später auch 2/3 Taler und
         deren Teilstücke für das Fürstentum Celle-Lüneburg

14.)   1617 und folgende

         Taler verschiedener Landesherrn, Reichstaler   25,98   g

   a.) Schilling seit 800 = 12 Pfennig, Lüneburg ab 1665/69 9 = (schwerer) Pfennig

   b.) Mariengroschen   =   8 Pfennig

   c.) Gutegroschen   = 12 Pfennig

15.) 1738 Taler Reichstaler   19,488   g

16.) 1750 Taler Preußen Reichstaler   16,047   g

17.) Spezitaler   25,98   g

18.) Kassataler   25,98   g

19.) Konventionstaler   23,385   g

   19.a Zweidritteltaler nach dem Leipziger Fuß.   12,992   g

   19.b Zweidritteltaler nach dem Konventionsfuß.   11,693   g

20.) Kuranttaler   22, 72   g

21.) 1857 Deutscher Münzverein   16, 66   g

22.) 1871/73 Reichsmark   5, 00   g

Goldmünzen: Feingold

23.) Florin   3,357   g

24.) Goldgulden   2,48   g

25.) Dukaten   **siehe auch Titelbild**   3, 442 g

26.) Louisdor   6,01   g

27.) Pistole   6,08   g

28.) Goldtaler   1,2   g

29.) Goldmark   7,1684 g

1.)

2.)

3.)

4.)

5.)

6.)

7.)

8.)

9.)

11.)

12.)

14.)

15.)

16.)

17.)

18.)

19a.)

19b.)

20.)

21.)

22.)

24.)

25.)

26.)

27.)

29.)

Kurze Erklärungen zu der Übersicht.

1.) Die Epoche der Pfennige beginnt mit Kaiser Karl dem Großen um 780 und endet um 1400. Karl hatte verfügt, dass 12 Pfennig einen Schilling gelten sollten, 16 Schilling dann eine Mark. Diese Münznominale waren zunächst nicht ausgeprägt, sie galten nur als Zählmaße. Zu der Mark sind weitere Erklärungen wichtig. Im 13. Jahrhundert entstand eine weitere Mark, die Gewichtsmark. Diese Gewichtsmark, auch Kölner Mark genannt, wurde mit einem Gewicht von 233,84 Gramm für 500 Jahre gewissermaßen zu dem Maß aller Dinge im Wirtschaftsleben. Zum einen richteten sich hiernach alle geprägten Silbermünzen mit ihrem Anteil an dem Edelmetall aus. Der Begriff "Münzfuß" macht dies deutlich, siehe die Abkürzung efM. Dies bedeutet, wieviel der betreffenden Münzen aus dem Gewicht von 233,84 Gramm geprägt worden sind, wieviel Silber in den jeweiligen Münzen enthalten ist (oder sein soll). Dieses Gewicht war auch die Grundlage für das Pfund, wobei ein Pfund zu 487 Gramm = zwei Gewichtsmark gesetzt wurde. Ein Zentner hatte somit 48,7kg. Eine Gegenüberstellung aus dem Jahre 1385, in dem ein Hof für 9 Mark verkauft wurde. Wenn es sich hier um die Gewichtsmark, Mark argentus, handelt je Mark = 670 Pfennig bei einer Zählmark, Mark Denaris, je Mark = 192 Pfennig.

2.) Durch die Geldverschlechterung fiel der Silbergehalt des Pfennig, so dass dieser nur noch einseitig ausgeprägt werden konnte, es entstand der Begriff *Hohlpfennig*.

Der Wendische Münzverein. Gegen Ende des 13. Jahrhunderts schlossen sich zunächst die Hansestädte Lübeck und Hamburg zu dem später so genannten "Wendischen Münzverein" zusammen, Lüneburg und Wismar folgten kurz darauf. Dieser Zusammenschluss kann im weiteren Sinne mit dem Euro verglichen werden. Die Städte behielten ihre Selbständigkeit, gemeinsam waren die Währungen, wenn auch mit leichten Abweichungen. Alle Münzen hatten einen Hinweis auf die betreffende Stadt. Festgelegt war anteilig die Menge der auszuprägenden Münzen zwischen den vier Städten. 1492 war dieses Verhältnis festgelegt auf: Lübeck 400 Mark, Hamburg

300 Mark, Lüneburg und Wismar mit je 200 Mark. Dieser Münzverein existierte bis kurz vor dem 30-jährigen Krieg.

3.) Der zunehmende Geldbedarf erforderte größere Münznominale, zunächst den Blaffert zu 2 Pfennig, ebenfalls als Hohlpfennig. In dieser Zeit liefen die ersten Goldmünzen, der Floren um, dazu näheres nachstehend unter Goldmünzen.

4.) Die nächst größere Silbermünze war der Witten zu 4 Pfennig. Witten kommt von Weißpfennig.

5.) Die kleinste Stückelung war der Viertelwitten.

6.) Sechslinge = 6 Pfennige.

7.) Dreilinge = 3 Pfennig waren die nächst größeren Nominale.

8.) 1432 prägten die Städte des Wendischen Münzvereins den Schilling, in der Wertigkeit zu 12 Pfennig, wie schon vor über 400 Jahren vorgegeben. Auf dem Münzbild erscheint ein Hinweis auf die ausgebende Stadt, für Lüneburg das Stadttor mit dem Löwen im Tor.

9.) Der Doppelschilling, ein 2-Schilling-Stück, war lange Zeit die Hauptumlaufmünze.

Die ersten Markstücke sind aus dem Jahre 1502, ab etwa 1500 tragen alle Münzen eine Jahreszahl, manche zunächst nur dreistellig.

10.) 1546 folgte dann die weitaus bekanntere und den Markt bestimmende Mark, die auch als ½ und ¼ Mark in Umlauf kam. Nach dieser Mark wurde auch eine ganze Epoche benannt, die in den Kirchenrechnungsbüchern bis 1702(04) bestimmend waren. Dieses ist irgendwie erstaunlich, da die Markstücke in recht kleinen Mengen auf den Markt kamen, sie gelten heute als Rarität unter den Münzsammlern. Im gleichen Jahr, 1546, begann Lüneburg wie auch der Wendische Münzverein mit der Prägung von Talern, die in großen Mengen umliefen.

Diese zuvor erwähnten Markstücke sind schon was Besonderes, sie zeigen auf der Vorderseite (Avers) das Wappen der ausgebenden Stadt, auf der Rückseite (Revers) die Wappen der übrigen Städte, im Kreuz gestellt.

11.) Diese Markstücke wurden auch in ½ und ¼- Mark geprägt, Lüneburg brachte als einziger Ausgabeort auch ein Zweimarkstück, den so genannten "Wendentaler" in Umlauf, der aber im Zahlungsverkehr keine größere Bedeutung erlangte.

12.) Wie schon angesprochen, erschien in Lüneburg 1546 als Silbergroßmünze der Taler, der allgemein für über 300 Jahre zur bestimmenden Größe wurde.

Der Taler hat seine Bezeichnung von dem silberreichen Joachimstal im Besitz der Grafen Schlick in Böhmen, 1517(20) zunächst als Guldengroschen geprägt. Als wichtige Handelsmünze galt er, mit geringen Namensabweichungen bald weltweit, der bedeutendste wurde der Dollar. Er enthielt 27,2 Gramm Feinsilber, war somit nach dem Münzfuß 8 efM ausgeprägt. Geringe Silberabweichungen sind auch bedingt aus den damaligen technischen Schwierigkeiten bei dem Schmelzen des Edelmetalls.

13.) Taler war unterteilt in ½ und ¼ Taler, später auch in 2/3 Taler und davon weitere Teilstücke.

14.) Nach dem Tode des Herzogs Heinrich Julius von Braunschweig/Wolfenbüttel teilte der Kaiser den silberreichen Harz neu auf, es bekam auch die Celler Linie Zugang zu den Silbervorkommen. 1617 begann der Herzog Christian mit der Ausgabe von Münzen. Durch einen Erbvertrag seines Vaters gelangten auch die Nebenlinien Dannenberg und Harburg an die Silbergruben und machten von der Prägung Gebrauch. Der Vertrag von 1293, wonach sich das Herzogshaus einer Ausgabe in der Nähe der Stadt Lüneburg entsagt hatte, wurde nicht mehr beachtet..

1524 gewann der Kaiser wieder stärkeren Einfluss auf das Währungsgeschehen, er erließ eine 1. Münzordnung, die den Taler der Grafen Schlick im wesentlichen übernahm, der Reichstaler war geboren.

Die Unterteilung waren die bekannten Schillinge, ein Schilling zu 12 Pfennig, dann auch bald die Mariengroschen zu 8 Pfennig. 160 Jahre später kamen auch der Gutegroschen zu je 12 Pfennig hinzu.

Der Taler war festgesetzt auf:

- 1524 1. Reichsmünzordnung   27,41 g Feinsilber
- 1551 2. Reichsmünzordnung   27,49 g Feinsiber
- 1566 Reichsabschied   25,98 g Feinsilber
- 1677 Münzrezeß von Zinna,   22,272 g Feinsiber
  gleich dem Leipziger Fuß
- 1738 Reichsfuß von Regensburg   19,488 g Feinsilber
- 1750 Reichstaler Preußen   16,047 g Feinsilber
- 1850 Deutscher Münzverein   16,666 g Feinsilber

Der recht schnelle Verfall des Talers rührte auch daher, dass nach 1500 große Mengen Silber aus dem von Kolumbus neu entdeckten Amerika über Spanien nach Europa kam. Zugleich nahm aber auch die Silberproduktion, hier vor allem im Harz, stark zu.

In der Stadt Lüneburg war die Prägung der Taler um 1630 fast ausgelaufen, 1660 war es noch mal ein Taler, 1702 dann ein 2/3 Taler, aber schon in Celle geprägt. 1677 waren es die letzten Doppelschillinge, 100 Jahre später dann der Scherf.

In den Jahren 1666 bis 1669 wertete Lüneburg noch mal den Pfennig auf, es galten jetzt 1 Schilling gleich 9 Pfennige, die dann als schwere Pfennige bezeichnet wurden. Ein Pfennig hatte somit den Wert von einem 2/3 Scherf, gegenüber ½ leichten Pfennig. Diese schweren Pfennige werden in der betreffenden Literatur nicht von Schnuhr und Jesse erwähnt. Dass sie aber im Umlauf waren beweist, dass um 1740 die Kirche Reinstorf 40 Mark in leichten Pfennigen auf der Klosterkasse einzahlte. 1566 reformierte der Kaiser die Währung, ein Taler sollte nun 25,98 g Feinsilber enthalten.

15.) Nach dem 30-jährigen Krieg bzw. durch seine Ergebnisse hatte der Kaiser einen großen Teil seines Einflusses auf die protestantischen Territorien eingebüßt, den er 100 Jahre zuvor auf dem Gebiet der Währungen langsam wieder gewonnen hatte. Viele deutsche Länder und Städte prägten Münzen nach eigenen Vorgaben. Der Reichsadler verschwand als Münzbild. Die nachfolgenden Münzrezesse fanden ohne den Kaiser statt, lediglich 1738 erließ er in dem Kommissionsdekret Richtlinien über diesen Kommissionstaler. Dieser ist auch als Rechnungstaler benannt, nach dem 12-Taler-Fuß, mit 19, 488 g Feinsilber. Dieser Taler galt lange Jahre als Reichstaler.

 16.) 1750 ging der preußische König Friedrich II., von den übrigen Staaten weitgehend isoliert, einen eigenen Weg. Er führte einen Taler mit dem Silbergewicht von 16,047 Gramm ein. Dieser sollte, so hatte er gedacht, der Reichstaler sein, er setzte sich in den übrigen Staaten aber nicht durch.

17.) Das Kurfürstentum Hannover kehrte mit dem Spezitaler zu dem Taler vom Reichsabschied von 1566 zurück. Durch das schon erwähnte reiche Silbervorkommen des Harzes in dieser Zeit fühlte es sich dazu stark genug. Diese starke Währung ist bei der II. Kipperzeit von 1760 näher erklärt. Dieser Münzfuß, 9 efM, ging auch auf den Kassataler über. Nicht der Taler, sondern der 2/3 Taler wurde zur Hauptumlaufmünze. Darauf findet sich im 18. Jahrhundert häufig die Aufschrift: " 2/3 Taler = 1/2 Spezitaler", ein Zeichen dafür, dass zu der Zeit mit dem Taler von 1738 als Reichstaler zu 19,488 g Silber gerechnet wurde.

18.) Der Kassataler hatte zu seiner Zeit eine besondere Funktion, öffentliche Kassen durften nur Geld in diesen Stücken (Münzen) annehmen. In dem öffentlichen Finanzwesen wird sehr häufig auf diesen Taler Bezug genommen, es werden Kredite an diesen Maßstab gebunden. Siehe hierzu die Kirchenrechnung von Wendhausen aus dem Jahre 1837.

19.) Der Konventionstaler ist eine Münze nach dem Konventionsfuß, zu 23,3855 g Feinsilber. 13 ½ Taler aus einer Mark reinem Silber, 13 ½ efM, 1748 zuerst in Wien geprägt, erreichte nach dem 7-jährigen Krieg das gesamte Deutschland. Das Königreich Hannover führte diesen Taler mit Wirkung vom 1. November 1817 ein. Geplant war dieses schon in dem Kurfürstentum 1802, dann aber wegen der politischen Verhältnisse nicht ausgeführt. Bedingt durch den Silbergehalt erfolgte die Bewertung: 10 Konventionstaler = 9 Kassentaler, in der Praxis aber nicht eingehalten, wie auf der Kirchenrechnung Wendhausen zu sehen ist. Der 2/3 Taler, der weiterhin die Hauptumlaufmünze auch in großen Beträgen war, lief in zwei unterschiedlichen Silbergehalten um. Der eine, **Abb. Nr.19a**, mit der Aufschrift: "Nach dem Leipziger Fuß" enthielt 12,992 g Feinsilber, der andere, **Abb. Nr.19b**, mit der Aufschrift "Nach dem Konventionsfuß" nur 11,693 g Silber. Auf einigen dieser Münzen ist der Schriftsatz: "Ein halber Spezitaler gleich ein zweidrittel Conventionstaler" ausgeprägt. Als Grund für diese beiden unterschiedlichen Stücke wird die Nähe zu Hamburg genannt, die den besseren für den Ostseehandel benötigte. In vielen Verträgen der Zeit findet sich der Zusatz: Zahlbar in guten 2/3-Taler-Stücken, den nach dem Leipziger Fuß geprägten Münzen. 1848 setzte die königliche Regierung in Hannover den Wert der guten 2/3 Taler auf 18 Ggr. 8 Pf fest, im Gegensatz zur rechnerischen Parität von 16 Ggr. bei den leichteren.

20.) Der Kuranttaler setzte sich in den folgenden Jahrzehnten allgemein durch. Er bedeutete praktisch, dass der Wert des Metalls mit dem aufgeprägten gleich sein sollte. Dies wurde nicht immer eingehalten. Wie aus dem Kirchenrechnungsbuch zu ersehen, sind alle Talersorten auf Kurant umgerechnet. Durch die ständigen Schwankungen der Paritäten kam es bei den Überprüfungen (Visitationen) fast immer zu Berichtigungen. Die Rechnungsführer bei den Kirchengemeinden waren hiermit überfordert.

21 .) Der Vereinstaler von 1857 nach dem Wiener Münzvertrag war eine große Vereinfachung des Münzwesens in den deutschen Staaten. Dabei waren die nord - und süddeutschen Staaten sowie Östereich. Eine große Erneuerung war die Umstellung von dem Gewicht der alten Gewichtsmark auf nun 500 Gramm. Dies alte Gewicht hatte nach über 500 Jahren ausgedient. Die Münzen erhielten jetzt die Aufschrift: Vereinsmünze. Ebenfalls begann die gemeinschaftliche Ausprägung von Goldmünzen, die Vereinskrone. Obwohl der Vertrag in Wien ausgehandelt war, trat Östereich zwei Jahre später aus diesem Münzverein wieder aus. Die Doppeltaler dieser Zeit sind 1876 außer Kurs gesetzt, die Taler blieben bis 1913 gültig. Mit den Vereinsmünzen wurde auch die Stückelung auf das Zehnersystem umgestellt.

22.) Nach der Gründung des II. Deutschen Reiches im Jahre 1871 schuf sich das Reich mit dem Gesetz vom 4.12. eine einheitliche Währung, die Reichsmark. Als Bezugspunkt kam es zum Goldstandard, die angrenzenden Länder wie auch Amerika hatten diesen schon eingeführt. Für den Gesamtumlauf an Goldmünzen verbrauchte das Deutsche Reich 2.145 Tonnen Feingold. Bestand der Bundesrepublik, Stand September 2006: 3.422 Tonnen Gold. Diese Goldmünzen, im Volksmund "Goldfüchse" genannt, hatten 90% Gold und 10% Kupfergehalt. Fachleute, voran Dr. Kurt Jaeger, schätzen, dass noch 2/3 davon vorhanden sind. Sie sind als sicheres Krisenobjekt sehr beliebt geblieben.

Durch den großen Aufschwung der Wirtschaft zu der damaligen Zeit erhöhte sich auch der Bedarf an umlaufendem Geld, es kam zunehmend zu Papiergeld. Durch die Folgen des Krieges und des Friedensvertrages endete die Zeit der Reichsmark mit einer großen Inflation. Am 20. November erreichte der Umtauschkurs von einem Dollar = 4.200 Milliarden Mark seinen Höhepunkt.

23.) Die erste Goldmünze für unser Gebiet war der Floren, auch Florentiner. Seine Herkunft, daher auch seine Bezeichnung, ist die Stadt Florenz. Er hatte einen Feingehalt von 3,357 Gramm. 1472 steht in einem Verzeichnis, dass drei Bauern aus Wulfstorf jeder einen Floren = 24 Schillinge als Pacht an das Kloster St.Michaelis in Lüneburg abzuführen hatten. Diese Pachtzahlung blieb bis zur Ablösung 1872 in der Höhe unverändert. Dieser Florin oder Floren ist dem Goldgulden gleichzusetzen.

24.) 1325 begann in Deutschland die Goldprägung mit dem Goldgulden. Der Goldgulden war zunächst dem Floren (Florentiner) gleichgesetzt, er verlor mit Jahren an Wert. 1524 ist in der I. Reichsmünzordnung sein Goldgehalt auf 2,409 g Feingold herabgesetzt. Ein gegenteiliges Beispiel: Aus einem vorliegenden Kreditvertrag geht hervor, dass sich die von dem Berge 1499 von dem Kloster St.Michaelis 360 Goldgulden zu je 36 Schillinge liehen. Dieser Vertrag wurde 1616 geändert in 250 Goldgulden, der Goldgulden jetzt zu 30 Schillinge. Hier war der Wert des Goldgulden gestiegen. Dieser Vorgang beweist auch, dass das Wertverhältnis von Gold zu Silber immer schwankte. Im 18. Jahrhundert lief der Goldgulden aus, der nur noch 1,2 g Feingold hatte, er wurde dann durch den Goldtaler ersetzt.

25.) (siehe Titelbild) Die bekannteste und beliebteste Goldmünze des Mittelalters war der Dukat. Auch er hatte seinen Ursprung in Italien, in Venedig. Die Stadt Lüneburg prägte 1640 einen Dukaten, der das Bild des abnehmenden Mondes trug. Die Stadt Hamburg hat mit der Jahreszahl 1872, zu einer Zeit, als das II. Deutsche Reich die Umstellung auf Reichsmark schon beschlossen hatte, einen Dukaten geprägt und in den Umlauf gebracht. Ein Merkmal dafür, was die einstmals freie Hansestadt von den Preußen hielt. Seine große Beliebtheit ist zurückzuführen auf seine Beständigkeit, er behielt zu allen Zeiten sein Goldgewicht von 3,49 g Feingold. Eine wertbeständige Größe wurde auch das "Dukatengold" mit einer Reinheit von 979. Aus einem Verzeichnis über das Einkommen des Grafen von Hodenberg im Kreis Winsen/Luhe geht hervor, dass 1762 die Pistolen abgewertet waren, nicht aber die Dukaten. Im Sprachgebrauch und gegenständlich dargestellt ist der "Dukatenesel."

26.) Zu einem verbreiteten Goldstück wurde ab dem 17. Jahrhundert der Louisdor, eine Prägung seit dem französischen König Ludwig XIII., später seiner Nachfolger. Dieser fand zunächst in Preußen als Friedrichs d'or, bald auch im Kurfürstentum Hannover als Georgs d'or, eine ziemliche Verbreitung.

27.) Der Name "Pistole" als Goldmünze mag etwas verwundern. Diese Bezeichnung kommt aus Spanien, ist um 1540 im Volksmund für den doppelten Escudo entstanden. Sie war auch Vorbild für den Louis d'or.

28.) Der Goldtaler löste, wie schon gelesen, im 18. Jahrhundert den Goldgulden ab. Die Bezeichnung Gulden hatte sich weitgehend auf den süddeutschen Raum zurückgezogen. Im praktischen Zahlungsverkehr in den Dörfern spielte er beim Pferdekauf eine Rolle, es sind auch größere Ablobungsverträge in Gold ausgestellt.

29.) Die Goldmark war die Währung des II. Deutschen Reiches ab 1871/73. Es war jedermann freigestellt, sein Geld bei der Reichsbank in Gold umzutauschen. Der Umtausch erfolgte aber nicht in Goldstücken, sondern meist in Goldstaub, das auf Seidenpapier ausgegeben wurde. Dieser Goldstandard war bis zum I. Weltkrieg die härteste Währung in Deutschland. Als Episode wird erzählt, ein pfiffiger Mann habe kurz vor Beginn des Krieges sein kleines Vermögen in Gold angelegt, in den zwanziger Jahren nach der Inflation konnte er sich dafür ein großes Gut in Pommern kaufen.

II. Die Entwicklung der Kaufkraft alter Münzen

Diesem Beitrag liegt der Aufsatz von Bernd Sprenger aus dem Jahre 1976 zu Grunde. Diese Arbeit war ausgezeichnet durch den Dr. Irmgard Woldering Förderungspreis der Numismatischen Gesellschaft zu Hannover e.V., veröffentlicht in der numismatischen Zeitschrift "mony trend" Nr. 3 und 4 1977.

Bernd Sprenger berichtet von den großen Schwierigkeiten, die sich bei einem solchen Vorhaben ergeben. Zu nennen wären die Unterschiede zwischen den einzelnen Landesteilen, die eine genaue Auflistung unmöglich machen. Bei allen Preisnennungen der nachfolgenden Tabelle sind Abrundungen vorgenommen, die die Ergebnisse aber kaum beeinflussen.

Bei der Betrachtung der Kaufkraft weist die Zusammensetzung des jeweiligen Warenkorbes große Unterschiede auf. Mit dieser Unsicherheit hat auch das Statistische Bundesamt seine Schwierigkeiten, von Zeit zu Zeit wird er den jeweiligen Gegebenheiten angepasst. In dem V. Anhang sind hierzu einige Zahlen veröffentlicht.

Aus den angeführten Tabellen werden aber die großen Linien der Entwicklung der Kaufkraft recht deutlich. In dem allgemeinen Teil dieser Veröffentlichung sind Preise, Löhne und Abgaben meist auf den Roggen bezogen, er hatte seine große Bedeutung für die Abgaben der Bauern, wie auch als Grundnahrungsmittel.

Eine Zusammenstellung der von Schwenger errechneten Kaufkraft eines Pfennigs. Diese und alle nachstehende Werte sind bezogen auf den DM-Wert von 1976:

Bei einem Vergleich der DM von 1976 zu heute ist davon auszugehen, dass sich der Wert um die Hälfte verringert hat.

- o Im 11. Jahrhundert   8 - 15 DM
- o Im 12. Jahrhundert   6 - 12 DM
- o Im 13. Jahrhundert   4 - 10 DM

- o Im 14. Jahrhundert   2 - 4 DM
- o Im 15. Jahrhundert   1 - 2 DM
- o Im 16. Jahrhundert   0,5 - 1 DM
- o Im 17. Jahrhundert 0,3 - 0,5 DM
- o Im 18 Jahrhundert   0,2 DM
- o Im 19. Jahrhundert   0,1 DM

Der Wert der Goldmünzen :

- • 13/14 Jahrh. Floren wie auch ein deutscher Goldgulden   = 350 DM
  der Zeit
- • rheinischer Goldgulden um 1420   = 300 DM
- • rheinischer Goldgulden um 1500   = 250 DM
- • Goldgulden um 1600 - 1700   = 160 DM
- • Reichsdukat   1600 - 1700   = 240 DM
- • Reichsdukat   1700 - 1790   = 200 DM

Einige Taler :

- ▪ Reichstaler um 1566   = 200 DM
- ▪ Reichstaler von 1600 -1700   = 150 - 110 DM
- ▪ Reichstaler um 1770   = 90 DM
- ▪ Konventionstaler um 1770   = 80 DM
- ▪ Konventionstaler um 1815   = 55 DM
- ▪ Vereinstaler   1857 - 1872   = 30 DM
- ▪ Mark 1871 - 1900   = 9 DM
- ▪ Mark 1814   = 7 DM

III. Die Entwicklung der Preise und die Geldentwertung

von 1226 bis 1864

Eine sehr umfangreiche Arbeit zum Thema Geld hat Professor Dr. Emil Waschinski in seinem zweibändigen Lebenswerk "Währung, Preisentwicklung und Kaufkraft des Geldes von Schleswig-Holstein von 1226-1864" vorgelegt. Es ist 1952 im Wachholz-Verlag erschienen. 1918 aus seiner westpreußischen Heimat vertrieben, lehrte er in Kiel.

Während Bernd Sprenger sich im Wesentlichen auf die Wertentwicklung, genauer gesagt auf den Wertverfall der Münzen beschränkt, untersucht Emil Waschinski die Entwicklung der Preise. Von den aufgeführten 16 Produkten ist für diese Arbeit nur der Roggen aufgeführt, wie schon in der gesamten vorliegenden Arbeit. Zu allen Zeiten sind wiederholt größere Preisschwankungen zu beobachten, die selten durch kriegerischen Einfluss entstanden. Zwei aufeinander folgende verregnete Sommer wirkten sich stark aus, wie auch große Trockenheit und besonders kalte Winter. Hagelschlag und Schädlingsbefall waren meist nur regional.

Die Aufstellung weicht von der von Bernd Sprenger in mehreren Punkten ab. Ein Hauptgrund ist die unterschiedliche Währung. Während Bernd Sprenger alles in DM errechnet hat, führt Emil Waschinski seine in Lübecker Währung auf. Diese war bis zum Ende des Wendischen Münzvereins, wie im vorstehenden Text zu lesen, mit der Lüneburger identisch. Nach dieser Zeit setzte Lübeck die Zusammenarbeit mit Hamburg wegen des Ostseehandels fort. Dadurch blieb auch Lübeck bei dem Schilling. Nach der Kipperzeit teilte sie den Taler in 48 Schillingen ein. In den Aufstellungen werden sowohl Reichstaler wie auch Lübsche Mark genannt. Das hat zur Folge, dass dann drei Lübsche Mark a 16 Schillinge gleich einem Reichstaler a 48 Schillinge gerechnet werden.

108

Die Zeiteinteilung ist auch eine andere. Bernd Sprenger legt sich auf Jahrhunderte fest, Emil Waschinski teilt die entsprechenden Zeiträume in Perioden nach wirtschaftlichen Grundsätzen ein. Eine genaue einheitliche Gegenüberstellung ist auf Grund der vorliegenden Unterlagen, der entsprechenden Abgrenzungen, nicht möglich.

Die Entwicklung der Roggen-Durchschnittspreise			Kaufkraftverlust des Geldes in Bezug auf die Reichsmark 1937	
	Steigerung			
	Preis	in %		
I. Periode 1226 - 1375	3 ß		115	Mark
II. Periode 1376 - 1450	6 ß	100%	70	Mark
III. Periode 1451 - 1545	15 ß	150%	48	Mark
IV. Periode 1546 - 1572	53 ß	250%	19,80	Mark
V. Periode 1572 - 1622	68 ß	36%	17,50	Mark
VI. Periode 1622 - 1775	104 ß	44%		
VII. Periode 1776 - 1793			5,40	Mark
VIII Periode 1794 - 1818			3,75	Mark
IX. Periode 1819 - 1838			4,45	Mark
X. Periode 1839 - 1853			3,33	Mark
XI. Periode 1854 - 1863			2	Mark

Zum Vergleich einige weitere Waren :

Preissteigerung von Roggen jeweils von der I. - VI. Periode	=	3366%
Pferde	=	824%
Ochsen	=	1700%
Schweine (65 Pfd. Lebendgewicht)	=	2300%

IV. Die letzten Tauschgeschäfte der Bauern und der

   ländlichen Bevölkerung

Am Anfang dieser Veröffentlichung ist darauf hingewiesen worden, dass es zu Beginn der Besiedlung unserer Heimat, vor Einführung des Geldes, Tauschgeschäfte gab. Diese Handelsgeschäfte erlebten nach dem Ende des II. Weltkrieges durch die in den Städten entstandenen Tauschzentralen eine neue Blütezeit.

In manchen Dörfern, vor allem auch in dem Südkreis Uelzen, haben sich bis in die heutige Zeit, so genannte "Dörpsreeken" erhalten. Diese Zusammenkünfte, Treffen, fanden und finden zu Beginn eines Jahres statt. Ursprünglich legten die Dorfhandwerker, wie Schmiede und Stellmacher, den Bauern ihre Jahresrechnungen vor. Die Bauern präsentierten ihre Forderungen für gelieferte Nahrungsmittel und Dienstleistungen an die Handwerker als Gegenrechnung.

Die Bezahlung der Müller für das Vermahlen des Getreides erfolgte meist über die so genannte "Metze", auch "Lattenkiste." Das heißt, der Müller behielt 20-25% des Mahlgutes ein.

Im Laufe des 19. Jahrhunderts ging die Anzahl der Backhäuser zurück. Ein Hauptgrund dürfte gewesen sein, dass von diesen Feuerstellen viele Brände ausgegangen waren. In den Dörfern hatten sich Bäcker niedergelassen. Der Staat vergab, bis zur Aufgabe der Gewerbefreiheit, Konzessionen für den Verkauf von Brot, vornehmlich Weißbrot. Für die Bauern wie auch für die Landarbeiter mit Deputat entstand der Wunsch nach Eigenverarbeitung ihres Getreides. So entstand die Gewohnheit, dass das Korn an Mühlen geliefert wurde, die dann das Mehl an die betreffenden Bäcker lieferten. Bei den Bäckern entwickelten sich zwei unterschiedliche Systeme für die Belieferung der betreffenden Kunden. Einmal führten sie ein rechnerisches Guthaben, von dem die Lieferung jeweils abgebucht wurde. Ein anderes System

110

bestand darin, dass sie so genannte "Gutscheine" ausgaben. Diese Gutscheine, die in und um Bienenbüttel verbreitet waren, mussten bei der Lieferung vorgelegt werden. Die Mühlen lieferten für 50 kg Roggen 35 kg Mehl ohne Zuzahlung für den Mahllohn. Bei den Bäckern erhielt der Kunde für 1 ½ kg geliefertes Mehl ein Brot zu 2 kg. Zu der Lieferung war nach dem Krieg ein Backgeld von 1 DM je Brot zu zahlen. Ein solches Brot kostete zu der Zeit regulär 1,75 DM. Diese vorgenannten Zahlen schwankten zwischen den einzelnen Bäckern und auch Zeiten. Angemerkt sei hier, nach freundlicher Auskunft von Herrn Bäckermeister Heinz Meyer Bienenbüttel, dass große Höfe in der Zeit um 1949/51 etwa 20-25 Brote

Tauschmehlabrechnung

für Herrn Bäckermeister

F. H. Meyer   238 *

BCM.

1967

Datum der Anlieferung	Name des Selbstversorgers	Roggenmehl in Zentnern Soll	Haben
17.4.	Vortrag v. S. 237	—	2.85
1.7.	v. Bordiak, Edendorf	—	0.70
4.8.	v. W. Juckarzyk, Wbg.	—	4.08
9.8.	v. K. H. Börner, Wbg.	—	4.76
10.8.	v. O. Suhrmüller, "	—	3.40
18.8.	v. Br. Andres BCM.	—	4.76
21.8.	v. H. Schröder Wbg.	—	5.44
25.8.	v. O. Harms, Bevensbek	—	3.40
8.8.	v. Alb. Sohl Holxtorf	—	1.36
21.8.	v. M. Merczak, "	—	4.08
30.8.	v. Fr. Müller, "	—	4.76
(.8	v. H. Meyer, "	—	2.04
25.8.	v. W. Müller, Niendorf	—	2.72
24.8.	v. W. Stadel, Ruste	—	7.48
1.9	v. G. Harms, Ruste	—	10.20
2.9	v. H. Rieckmann Wbg	—	10.20
	m. S. 246	—	72.18

Bienenbüttel, den 4.9. 1962   W. Wagener

a 3 kg je Woche erhielten. Heinz Meyer schätzte, dass diese Lieferungen 70-80 % des Gesamtumsatzes bei Brot betrugen. Zu dem Gewicht von drei kg sei hier die Anmerkung eingefügt, dass nach der Lüneburger Schulordnung von 1596, später dann nach dem Dannenberger Schulgesetz von 1696, dem Küster (Lehrer) jährlich ein Brot von 12 Pfund zu liefern sei.

Brotmarken aus Bienenbüttel und anderen Orten, 1950 - 1970

Diese bestehenden Handelsgeschäfte waren bis 1972 weit verbreitet. Nach frdl. Auskunft von Herrn Bäckermeister Rasche, Zernien, fanden sie danach ein jähes

Ende. Das Finanzamt bestand auf die volle Umsatz-Besteuerung mit der Mehrwertsteuer. Dies machte eine Fortführung uninteressant, so fand diese altbewährte Regelung durch staatliche Einflussnahme ein abruptes Ende. In der heutige Zeit würde diese Art auch unmöglich sein.

Diese Brotmarken sind als Wertpapier anzusehen, da sie einen Anspruch auf Lieferung besaßen. Zu erwähnen sei hier, dass in Notzeiten Brotmarken zum Bezug von Brot an die ärmere Bevölkerung ausgegeben wurde, diese hatten mit dem vorstehend Besprochenen nichts zu tun.

V. Übersicht über die Nahrungsmittelpreise von 1800 bis 1973

Zu einer Vollständigkeit der Geldgeschichte sollen Untersuchungen und Veröffentlichungen des Bundesamtes für Statistik beitragen. Der frühe Teil, 1800-1880, beruht auf der Veröffentlichung von Jürgen Kuczyniki, von dem auch weitere Ergebnisse seiner Forschungsarbeit hier einbezogen sind. Die Preise sind hier, wegen einer besseren Übersichtlichkeit, in 25-jährigen Zeiträumen zusammengefasst. Als Bezugspunkte sind die Vorkriegsjahre 1913/14 gleich 100 gewählt. Die Zeit des I. Weltkrieges und der darauf folgenden Inflation sind unberücksichtigt. Diese Methode wird auch von den Gebäude-Versicherungen bei der Bewertung der Objekte zu Grunde gelegt.

o 1800 - 1824 gleich 50
o 1825 - 1849 gleich 40
o 1850 - 1874 gleich 61
o 1875 - 1899 gleich 78
o 1900 - 1914 gleich 89
o 1924 - 1945 gleich 134
o 1948 - 1973 gleich 262

Bei dem Vergleich mit den zuvor genannten Roggenpreisen wird deutlich, dass bei höheren Preisen der Index anzog, bei sinkenden Preisen, wie ab 1824/25, deutlich nachgab. Die kurze Hochpreisphase des Roggens von 1847 wirkte sich kaum aus. Nach der Gründung des II. Deutschen Reiches, 1871, zogen die Preise langfristig an, die einige Jahre vor Beginn des Krieges einen Höhepunkt erreichte. In der Rezession und der damit verbundenen Deflation im Anfang der 30er Jahre fielen sie zunächst um 20 Basispunkte. Mit dem Beginn des II. Weltkrieges wurde wieder vieles, wenn auch verhalten, teurer.

Ein Vergleich :

In der Zeit von 1800 bis 1914, also 115 Jahre, stiegen die Preise um rund 70 %,

in der Zeit von 1948 bis 1973, also 25 Jahre, stiegen sie ebenfalls um rund 70 %,

und das bei der hoch geschätzten stabilen Deutschen Mark.

Bei dieser Aufstellung ist die Beachtung der Änderung der Essensgewohnheiten, des Warenkorbes, von großer Wichtigkeit. Bis zum II. Weltkrieg und auch verschiedentlich noch einge Jahre danach, war es üblich, dass zu der Bereitung der Speisen fast ausschließlich Grundnahrungsmittel verwandt wurden. In der zweiten Hälfte des vorigen Jahrhunderts gelangten in immer stärkerem Maße vorgefertigte Produkte an den Verbraucher. Dass für diese Waren ein höherer Preis zu zahlen ist, liegt auf der Hand. Dazu kommt auch, dass heute fast zu allen Zeiten des Jahres frische Waren aus aller Welt zu kaufen sind. Die Preise wurden durch die starke DM abgefedert, die Importeure konnten auch auf Grund der Warenterminbörsen günstig einkaufen. Die Frachtkosten und auch Zölle wiederum trugen zu einer Verteuerung bei. Alle diese Fakten sind bei der Betrachtung und dem Preisvergleich zu bedenken.

VI. Gleiche langjährige Zahlung, 350 Jahre, in Geld oder Getreide

Im Nachfolgenden ist das Ergebnis der Zahlungsweise einer Pacht in einer Gegenüberstellung der Dörfer Wulfstorf und Gifkendorf auf Grundlage von archivali-
schen Unterlagen des Klosters St. Michaelis zu Lüneburg näher erläutert. Einige
Unstimmigkeiten bei Gifkendorf sind durch zeitlich unterschiedliche Ablösungs-
termine bedingt. Sie haben keinen wesentlichen Einfluss auf das Ergebnis.

Die Ausgangslage:

Die Nachbardörfer Wulfstorf und Gifkendorf hatten mindestens seit 1513 Ackerflächen aus dem Besitz des Klosters St. Michaelis zu Lüneburg in Pacht. Die Jahreszahl 1513 ist hier gewählt, weil seit diesem Jahr eine Entwicklung der Getreidepreise von Reinhard Oberschelp vorliegt. Die dort genannten Zahlen sind von dem
Verfasser mit den aus hiesigen Quellen vorliegenden abgeglichen und für identisch
befunden.

Die vom Kloster geforderte Pachtzahlung war für die beiden Dörfer unterschiedlich. Wulfstorf zahlte in einem festgesetzten Geldbetrag, Gifkendorf in natura, das
heißt in Getreide. Warum das so war, konnte nicht ermittelt werden. Der festge-
setzte Betrag, ob in Geld oder natura, wurde bis zu seiner Ablösung im Jahre 1872
nie erhöht.

Wulfstorf

Für die drei Höfe in Hohen Wulfstorf bezahlten drei Höfe in Nieder Wulfstorf je
Hof 1 Florin, das sind 24 Schillinge oder 27 Mariengroschen im Jahr. Hier ist eine
Umrechnung auf Mariengroschen erforderlich, da Reinhard Oberschelp in dieser
Währung rechnet. Um diesen Betrag bezahlen zu können, mussten 1513 270 kg
Roggen verkauft werden. Der Preis: 100 kg kosteten 10 Mariengroschen (Mrg).
Zur Zeit der Ablösung 1872 betrug der Roggenpreis 180 Mgr. je 100 kg, jetzt
reichten 16 kg für die Zahlung aus. Die Ablösung 1872 war mit 14 Taler festge-
stellt = 514 Mgr. Für diesen Betrag war der Verkauf von 285 kg Roggen erforder-
lich.

116

Gifkendorf

Gifkendorf beglich die Pacht in natura, wie zuvor gesehen. Festgesetzt war diese auf 18 Ht. Roggen und 6 Ht. Rauhhafer jährlich. Um die Rechnung etwas übersichtlicher zu machen, ist hier der Wert des Rauhhafers umgerechnet in 2 Ht. Roggen, dadurch wären 20 Ht. Roggen die Grundlage der weiteren Berechnung. Diese 20 Ht. Roggen, den damaligen gültigen Ht. zu je 17,5 kg gerechnet, hatten ein Gesamtgewicht von 350 kg. Der Preis für diese Menge betrug, siehe oben, 35 Mariengroschen für jeden Hof. Die Ablösung 1872 war je Hof mit 342 Taler festgesetzt (Abrundungen).

Gegenüberstellung: (Die Ablösung vorgegriffen)

Die Pacht 1513 je Hof	1872 in Roggen in Geld	**Ablösung**
Wulfstorf 27 Mgr.= 270 kg. Rog.	16 kg = 27 Mgr.	**14 Taler**
Gifkendorf 35 Mgr.= 350 kg Rog.	350 kg = 630Mgr.	**342 Taler**

Ergebnis: Durch die unterschiedliche Zahlung, von Geld in Wulfstorf zu Roggen in Gifkendorf, hatte sich in den 350 Jahren der Wert der Belastung für Gifkendorf gegenüber Wulfstorf von anfänglich 23 % auf 240 % erhöht.

Hierzu ergänzend müssen die jährlichen Zahlungen angesprochen werden.

Im Wulfstorf brauchte für die 27 Mgr., bedingt durch den steigenden Roggenpreis, immer weniger Roggen verkauft werden. In Gifkendorf dagegen, bei gleichbleibender Roggenmenge, stieg der Wert laufend an. Die Entwicklung war gegenläufig, für die Wulfstorfer Bauern wurde es billiger, für die Gifkendorfer teurer.

Das Ergebnis:

Für die Zahlungspflichtigen war, bei der langjährigen Zahlung, die Zahlung in Geld sehr viel günstiger. Dieses wirkte sich sowohl bei den jährlichen Beträgen wie auch bei der Ablösung aus.

Erklärung von Münzbegriffen

Rauhgewicht = Gesamtgewicht; auch <u>Schrot</u>,

Feingewicht = Gewicht des Edelmetall, auch <u>Korn</u>

Münzfuß: <u>M</u> = Anzahl auf eine rauhe Mark, <u>efM</u> Anzahl auf eine feine Mark

Feingehalt: Lot/Grän, bei Silber, 1 Lot = 1,5 Karat; 1 Karat = 12 Grän
Karat/Grän bei Gold 6 Grän = 1 Karat

Gewicht bei Silber: Eine Mark (Gewichtsmark) = 234 Gramm = 288, Grän

Verrufen, Münzverrufung = ungültig erklären von umlaufenden Münzen

d. = denar, Pfennig

S; ß = Schilling = 9 Pfennig. Ein Taler = 32 Schilling

Mgr. = Mariengroschen = 8 Pfennig, Ein Taler = 36 Mariengroschen

Ggr. = Gutergroschen = 12 Pfennig, Ein Taler = 24 Gutegroschen

g = Gramm

Eine Mark denaris = eine Zählmark 16 Schillinge, ein Schilling = 12 Denaris
(Pfennige)

Eine Mark argentis = eine Gewichtsmark, siehe oben

Eine Mark ausgeprägt ab 1502 = 16 Schillinge, Währung im sakralen Bereich bis
1702

Eine Reichsmark = 10 Groschen a 10 Pfennig, II. Deutsches Reich ab 1874

Eine Rentenmark nach der Inflation

Eine Deutsche Mark, DM, ab 20.5.1948

Himten, auch Himbten, Abk. Ht. oder Hbt.

Altes Getreidehohlmaß, 700 Jahre in Gebrauch. Vorgänger aus biblischer Zeit war der Scheffel, in vielen Orten war er bis ins 19. Jahrhundert im Gebrauch.
Der Inhalt des Himten schwankte lange Zeit sehr, praktisch hatten fast alle Klöster, wie auch Städte, ihr eigenes Maß.
Der Inhalt des offiziellen hannoverschen Himten betrug ein Cubikfuß = 25,1 Liter.
Der Herzog Georg Wilhelm von Celle verfügte 1692, dass in Zukunft der braunschweigische Himten das Landesmaß sein solle, er erlaubte aber, überall dort, wo die hannoverschen Himten noch in Gebrauch seien, diese weiter zu verwenden. Das Kloster St. Michelis zu Lüneburg ging erst 1816 auf das größere Maß über. In einigen Ablösungsverträgen werden noch beide Himten angegeben.
Der braunschweigische Himten war mit 1 1/4 Cubikfuß um 25% größer = 31,260 Liter. Dieses Maß schwankte geringfügig.
Der hannoversche wird gerechnet zu 17,5 kg Roggen,
der Braunschweiger zu 21,88 kg Roggen.